DE

LA MORT SUBITE

PAR EMBOLIE PULMONAIRE

DANS LES VARICES ENFLAMMÉES

PAR

Le Dr Marc CHABENAT,

Ancien externe des hôpitaux de Paris,
Médaille de bronze de l'Assistance publique (1873),
Ancien aide-major au 1er bataillon des mobiles de l'Indre.

PARIS

LIBRAIRIE J.-B. BAILLIÈRE ET FILS,

19, Rue Hautefeuille, près le boulevard Saint-Germain.

1874

A LA MÉMOIRE

DE MON PÈRE

A LA MÉMOIRE

DE MA GRAND'MÈRE MATERNELLE.

A MA MÈRE CHÉRIE

A MON EXCELLENTE SŒUR.

A MON BEAU-FRÈRE.

A LA MÉMOIRE

DE M. LE PROFESSEUR LAUGIER.

(Externat 1870.)

A MON PRÉSIDENT DE THÈSE :

M. GOSSELIN,

Chirurgien de l'hôpital de la Charité,
Pofesseur de clinique chirurgicale à la Faculté de médecine de Paris,
Vice-président de l'Académie de médecine,
Commandeur de la Légion d'honneur.

A MON EXCELLENT MAÎTRE :

M. GALLARD,

Médecin de l'hôpital de la Pitié,
Officier de la Légion d'honneur.
(Externat 1872.)

Agréez, cher maître, mes remercîments pour vos savantes leçons et les bons conseils que vous n'avez cessé de me donner.

A MON CHER MAITRE :

M. DEPAUL,

Professeur de clinique d'accouchements,
Président de l'Académie de médecine (1873),
Officier de la Légion d'honneur.
(Externat 1873.)

Je prie les Drs MARTIN-DAMOURETTE, CH. ABADIE, RÉAU, GRANCHER, et mes amis LONGUET et BOUCHERON, internes des hôpitaux, de recevoir mes sincères remercîments pour leurs bonnes leçons.

A M. LE Dr W. VERGNE.

Je suis heureux, cher Docteur, de pouvoir vous offrir ce faible témoignage de reconnaissance pour l'intérêt que vous m'avez toujours porté.

DE

LA MORT SUBITE

PAR EMBOLIE PULMONAIRE

DANS LES VARICES ENFLAMMÉES

Dès que le sang fluide, doué de la vie, cesse de circuler et se concrète dans un vaisseau quelconque, il meurt ; ce n'est plus alors que du sang mort, un cadavre au sein de la vie, un corps inerte, un corps étranger dans l'un des courants vitaux de l'organisme. Rien de plus net que les dangers possibles d'un tel produit ; dangers que tout le monde est à même de saisir pour peu qu'on ait la moindre idée de la circulation dans le corps de l'homme.

(VELPEAU, *Académie des sciences*, 14 avril 1862).

AVANT-PROPOS.

La mort subite est un des accidents les plus effrayants qui puissent frapper l'esprit ; aussi les recherches des médecins se sont portées avec prédilection sur ce sujet, et chaque jour de nouvelles découvertes viennent éclairer cette partie de la pathologie autrefois si obscure.

Depuis le travail de Lancisi et surtout depuis l'immortel ouvrage de Bichat, les anatomo-pathologistes avaient fait faire de grands progrès à l'étude des morts subites, mais on ignorait encore une de leurs causes les plus communes, l'embolie pulmonaire. Les travaux de MM. Virchow, Cohn, Charcot, Ball, Lemarchand, Lancereaux, etc., ont rétréci le champ de l'inconnu et amené la connaissance des dangers qui résultent du déplacement des caillots formés dans le cœur, les artères ou les veines.

De 1846 à 1856, Virchow démontrait que, chez la plupart des sujets où l'obstruction de l'artère pulmonaire avait amené la mort, il existait sur un point quelconque du système veineux des caillots plus ou moins récents.

La théorie allemande était à peine connue que MM. Charcot et Ball publiaient dans la *Gazette hebdomadaire* de 1858, un mémoire où ils inséraient le premier cas de mort par embolie pulmonaire qui ait été observé en France.

Depuis lors les faits cliniques se sont multipliés et l'on a pu se convaincre que loin d'être exceptionnels, ces accidents au contraire étaient assez fréquents.

De nombreux travaux ont été publiés sur ce sujet, et en particulier la thèse remarquable de M. Ball. L'étude des morts subites chez les nouvelles accouchées et dans les états généraux qui favorisent la coagulation du sang dans les vaisseaux, a été bien faite dans plusieurs mémoires et exposée avec art dans les belles leçons cliniques de Trousseau sur la *phlegmatia alba dolens*. Velpeau a attiré l'attention des savants sur les thromboses veineuses dues aux fractures, en lisant à l'Académie des sciences une observation de « mort subite par suite d'embolie de l'artère pulmonaire chez une femme atteinte de fracture comminutive du tibia, » et cette question a été reprise et developpée avec soin par M. Azam, de Bordeaux.

Un travail d'ensemble n'a pas, jusqu'à ce jour, été fait sur la mort subite par embolie pulmonaire, dans les varices enflammées; nous avons entrepris de rassembler les observations éparses dans les thèses et les recueils périodiques, et nous les examinerons au point de vue de la thrombose, de l'embolie, du mécanisme de la mort, et des moyens qui pourraient s'opposer à une terminaison fatale.

Les différentes tromboses qui se forment dans les veines périphériques et les accidents emboliques qui résultent de leur déplacement, ont été mieux étudiés que la question qui nous occupe ; néanmoins, outre les quelques faits qui ont été publiés, M. Ball consacre un paragraphe aux varices enflammées :

« Si la phlébite oblitérante aiguë et sans complications « est, dit-il, une des causes les plus fréquentes des coagu- « lations veineuses, et peut devenir une source d'embolies « pulmonaires, il est évident que les veines variqueuses, « sujettes comme on sait à s'enflammer assez facilement, « pourront à leur tour donner naissance à des accidents « de ce genre. »

Le sujet de notre thèse est limité à l'étude de la mort subite par oblitération de l'artère pulmonaire, due à la migration des caillots sanguins qui se forment dans la phlébite variqueuse des membres inférieurs.

Nous laisserons donc de côté, dans le cours de ce travail, tous les états généraux qui favorisent les thromboses veineuses.

Avant d'entrer en matière, qu'il nous soit permis de remercier notre ami Longuet, interne distingué des hôpitaux, qui nous a donné l'idée de faire cette étude et nous a communiqué une observation intéressante recueillie dans le service de M. le professeur Gosselin.

DIVISIONS

CHAPITRE I.

DÉFINITIONS.

Mort subite. — Aran définissait la mort subite : la mort qui, survenant dans un temps très-court, presque toujours d'une manière imprévue, frappe l'homme en santé ou en maladie.

Nous acceptons cette définition, elle est bonne, surtout appliquée au genre particulier de mort qui nous intéresse. Un caillot volumineux, partant des veines périphériques et entraîné par le courant sanguin, vient oblitérer le tronc de l'artère pulmonaire et occasionne ainsi la mort dans un temps très-court, et presque toujours d'une manière imprévue.

Le temps au-delà duquel la mort cesse d'être subite pour prendre le nom de mort rapide n'est pas limité, il est vrai, mais en faisant marcher le caractère imprévu parallèlement à la rapidité de la mort, comme le faisait remarquer Aran, la définition peut être acceptée. Une mort imprévue n'en sera pas moins subite, parce que l'individu qui en sera frappé aura mis à succomber un quart d'heure, une demi-heure, une heure, et plus.

Embolie; *embolus*. — Le mot embolie, créé par Virchow, vient du grec εμϐαλλειν, lancer dedans. Il indique l'oblitération brusque d'un vaisseau par un corps en circulation dans le sang. Le corps obturant se nomme embolus, le fait du transport et de l'obturation, embolie. (Hirtz et Straus. Dict. de Jaccoud).

Les embolies ont été divisées en deux grandes classes :

1° Les embolies artérielles ou centrifuges ;

2° Les embolies veineuses rétrogades ou centripètes.

Les sources de l'embolie sont très-variées et peuvent se ranger sous trois chefs principaux :

1° Corps provenant du sang lui-même ; 2° corps provenant des parois vasculaires; 3° corps traversant la paroi, et provenant soit des tissus environnants, soit du dehors.

Nous ne nous occuperons dans notre travail que de la première classe des embolus.

Thrombose ; *thrombus.* — Avec Virchow nous appellerons thrombose (de θρομβος, caillot) toute coagulation du sang dans les vaisseaux pendant la vie, et thrombus le coagulum qui en est le résultat.

Avant d'aller plus loin, disons que nous emploierons indifféremment dans cette étude les mots coagulation sanguine, concrétion sanguine, caillot sanguin ou thrombus.

CHAPITRE II,

Historique.

L'oblitération de l'artère pulmonaire comme cause de mort subite était connue avant les recherches de Virchow.

Plusieurs observations avaient été recueillies et publiées en France; nous citerons celle de M. le Dr Hélie, celle de M. Lediberder, une autre de M. Richelot, et enfin un quatrième fait observé en 1838 par M. Baron, et qui forme le sujet d'un mémoire très-bien fait, inséré dans les *Archives générales de médecine*. On croyait alors que le caillot qui oblitérait le vaisseau était né sur place, et cependant, dans presque tous les cas les tuniques artérielles étaient exemptes d'altérations, et il était difficile de rattacher la formation de ce caillot à l'artérite. C'est alors qu'on incrimina le sang et que l'on chercha à prouver que chez les cachectiques et les femmes dans l'état puerpéral, l'élévation du chiffre de la fibrine peut donner lieu à la coagulation sur place.

La question n'était pas résolue, lorsque Virchow fit remarquer que chez les sujets où la coagulation du sang ne dépend pas d'une lésion du parenchyme du poumon ou des parois vasculaires, on trouve, outre le coagulum artériel, un ou plusieurs caillots de date plus ou moins ancienne siégeant dans le système veineux périphérique.

Dans tous ces cas l'altération du sang ne serait qu'un élément accessoire et l'obstruction de l'artère pulmonaire serait due à la migration des caillots veineux qui, charriés par le sang, traverseraient les cavités du cœur droit et iraient échouer dans l'artère pulmonaire.

L'histoire des embolies et de leurs conséquences entrevues par Van Swieten date donc de notre temps, et même ce n'est guère que depuis le siècle actuel, et l'on peut dire depuis Laënnec, que l'existence des concrétions sanguines n'a plus été mise en doute.

Avant la découverte d'Harvey sur la circulation du sang, il était bien difficile de connaître la thrombose et l'embolie, aussi les oblitérations vasculaires étaient-elles mal interprétées, et il n'est pas étonnant de voir les premiers médecins qui observèrent des caillots, frappés de leurs formes, les prendre pour des parasites.

Plus tard on reconnut leur nature, et l'on discuta pour savoir si ces concrétions étaient cadavériques ou si elles se formaient pendant la vie. Riolan, Sévérini, Kerckring, Malpighi, émirent des opinions différentes.

Bonnet est le premier qui établit la distinction entre les caillots anciens et les caillots récents.

Boerhaave et Van Swieten vinrent ensuite et c'est à ce dernier, dit M. Ball, qu'appartient le mérite d'avoir nettement formulé le principe des obstructions de l'artère pulmonaire. Voici comment s'exprime le commentateur de Boerhaave :

« Tentavi experimenta in canibus sæpius, vidique sem-
« per sanguinem inde grumescere, et per venas, semper
« latiores in suo decursu, ad cor dextrum deferri; dein in
« pulmones, ibi autem hærebat; et post summas anxietates,
« animalia hæc moriebantur, citius vel serius, prout major
« minorve talium coagulantium quantitas venis injecta et
« diversa foret horum efficacia. Poterit ergo talibus causis
« subito peripneumonia induci. » (Van Swieten, t. II,
« 654, aphor. 824.)

Il est impossible, fait remarquer avec raison M. Ball, de mieux décrire ce que nous appelons aujourd'hui l'embolie veineuse.

On pourrait citer encore quelques passages des commentaires pour prouver que Van Swieten connaissait en partie la migration des caillots et les accidents qui en résultent; c'est ainsi que dans le tome I, page 120, il dit:

« Lorsque des masses polypeuses coagulées dans la cavité du cœur droit sont poussées dans l'artère pulmonaire, c'en est fait de la vie. »

Et dans le tome II :

« Il résulte de plusieurs observations que de semblables polypes naissent quelquefois sur les colonnes charnues du cœur, qu'ensuite ils sont accidentellement séparés et chassés avec le sang, soit dans l'artère pulmonaire, soit dans l'aorte et ses gros rameaux, qu'ils rétrécissent considérablement ou qu'ils bouchent bientôt en entier. »

Après Van Swieten la question de la migration des caillots est rejetée dans l'ombre, et l'existence des coagulations sanguines formées pendant la vie est niée par Morgagni.

Il faut arriver au commencement de ce siècle, pour voir Corvisart et Laënnec démontrer que le sang peut se coaguler dans les veines pendant la vie. Depuis lors cette question n'a plus été mise en doute comme nous le disions plus haut, et les médecins modernes ont recherché les causes qui favorisent la formation des thrombus.

L'inflammation des parois vasculaires joue pendant quelque temps un grand rôle, et avec Cruveilhier la phlébite et l'artérite expliquent toutes les concrétions sanguines.

En 1823 la doctrine de l'oblitération veineuse était établie par Davis, médecin de Londres, comme cause de la phlegmasie blanche.

Vers la même époque M. Bouillaud exposait le résultat

de ses recherches et de ses observations sur la cause mécanique des œdèmes partiels.

Pendant ce temps Legroux dans sa thèse inaugurale attirait l'attention sur les caillots qui se forment dans le cœur; il admettait que ces concrétions polypiformes, comme il les appelle, peuvent se détacher et qu'entraînées par le courant sanguin, elles deviennent causes d'oblitérations artérielles et de gangrène.

Alibert confirmait les idées de Legroux, et quelques années plus tard, en 1832, François de Mons, à propos des gangrènes spontanées, disait : « Des caillots formés dans le cœur, ou dans la continuité des conduits vasculaires artériels, ne peuvent-ils pas s'en séparer, enlevés qu'ils sont par la colonne de sang, et ne s'arrêter que là où leur calibre est trop rétréci pour leur donner passage ? »

Gulliver, Rokitansky, Bouchut, etc., étudièrent les causes de la coagulation spontanée du sang dans les vaisseaux, et démontrèrent que la *phlegmatia alba dolens* n'est pas une maladie particulière à l'état puerpéral, mais un symptôme de thrombose crurale et iliaque que différentes maladies peuvent engendrer.

Baron publia le mémoire dont nous avons parlé au commencement de ce chapitre; et vers la même époque M. le professeur Hardy soutint sa thèse d'agrégation sur les coagulations sanguines dans les vaisseaux.

Après l'énumération de ces travaux, on arrive à Virchow et c'est à lui, il faut le reconnaître que revient l'honneur d'avoir le mieux étudié la question des embolies. Il a su tirer de l'oubli l'idée des caillots migrateurs et il s'est efforcé de démontrer que chez la plupart des sujets où l'obstruction de l'artère pulmonaire, par des concrétions sanguines, ne se rattache pas à des lésions locales, il existe dans le système veineux des caillots plus ou moins récents.

Les travaux du professeur de Berlin sont de différentes époques : les premiers datent de 1846 et portent principalement sur les oblitérations de l'artère pulmonaire; il étudia ensuite les caillots du système artériel et insista sur l'infection du sang. Ses recherches furent poursuivies plusieurs années.

Schutzenberger, le premier en France, fit en 1856 dans la *Gazette de Strasbourg*, une analyse des travaux de Virchow et y ajouta quelques faits personnels.

M. le professeur Lasègue, en 1857, exposa, dans les *Archives générales de médecine*, la doctrine de l'embolie, qui fut mal accueillie à Paris (Société médicale des hôpitaux, séance du 22 juillet 1857).

Cependant, l'année suivante, MM. Charcot et Ball publiaient l'intéressant mémoire dont nous avons parlé, et les revues périodiques ne tardaient pas à s'enrichir d'observations.

La voie étaient ouverte aux recherches, et les travaux des Allemands, parmi lesquels il faut citer ceux de Panum et de Cohn, venaient, avec les thèses intéressantes de MM. Ball, Lancereaux, Lemarchand, Bucquoy, confirmer la doctrine émise par Virchow.

Citons encore parmi ceux qui ont le mieux étudié la question, MM. Vulpian, Proust, Prévost et Cotard, Azam de Bordeaux, Feltz de Strasbourg, Bertin de Montpellier.

Après cet aperçu historique, nous sommes heureux de constater que, malgré la gloire de Virchow qui a su tirer de l'oubli la doctrine de la migration des caillots émise par Van Swieten, la science française peut revendiquer une large part dans l'étude et la connaissance des thromboses et des embolies.

CHAPITRE III.

Observations et réflexions.

Observation I. — Obs. de M. Potain ; thèse de M. Ball.

Phlébite de quelques veines variqueuses du mollet ; mort rapide. — A l'autopsie, oblitération des artères pulmonaires par des caillots fibrineux.

Mme M..., âgée de 80 ans, pensionnaire à l'hospice des Ménages, avait depuis une quinzaine de jours des varices superficielles de la jambe droite, plus volumineuses et plus tendues que de coutume. A la partie supérieure du mollet, les veines variqueuses étaient sensibles, dures, entourées d'un peu de rougeur et d'empâtement ; le bas de la jambe était légèrement œdématié. J'avais prescrit le repos et des cataplasmes.

Je la vis le 6 février 1861, au matin. Elle avait essayé de se lever, malgré mes recommandations, ce qui avait un peu augmenté les douleurs ; mais, sauf un peu plus de rougeur, je ne constatai rien de nouveau. Cette dame ne se trouvait d'ailleurs pas malade, et se résignait avec beaucoup de peine à garder le lit. Elle se leva donc encore dans la journée ; marcha un peu, et se coucha le soir sans plus de malaise que de coutume. Dans la nuit elle mourut assez subitement pour que personne dans la salle ne s'en aperçût. On la trouva morte en approchant de son lit pour l'éveiller.

Autopsie. — Le 9 février au matin. Cavité crânienne : dure-mère très-adhérente aux os ; glandes de Pacchioni très-développées. A la base du cerveau, à cheval sur la grande fente, et la partie moyenne des nerfs olfactifs, une petite tumeur du volume d'une grosse aveline, de consistance un peu plus solide que la pulpe cérébrale et formée de granulations analogues à celles de Pacchioni. Circonvolutions cérébrales et nerfs olfactifs légèrement déprimés à ce niveau, mais nullement altérés ; sérosité limpide en quantité très-notable dans les ventricules.

Cavité thoracique. — Plèvre gauche adhérente dans toute son étendue, par des brides celluleuses, blanches, résistantes, et évidemment anciennes. Dans la plèvre droite, 300 grammes d'un liquide jaune verdâtre. Point d'adhérences. Les deux poumons, souples et crépitants, sont un peu bosselés à la surface, et emphysémateux par place; ils laissent sourdre à la surface d'une coupe un liquide grumeux, mais très-peu de sang; quelques mucosités dans la trachée et les bronches; point de rougeur. Cœur, de volume sensiblement normal, à parois flasques et chargées de graisse, mais non dégénérées. Dans le péricarde, une petite quantité de sérosité limpide, sans traces de péricardite; orifices normaux, sauf un léger épaississement de la valvule tricuspide, au voisinage de son bord libre. Les oreillettes et les ventricules contiennent une assez grande quantité de sang, en partie liquide, en partie coagulé, sous forme de caillots mous.

Dans le ventricule droit, il existe un caillot en partie fibrineux et décoloré, en partie mou et noir; il se continue dans l'arbre pulmonaire, où il est peu résistant. Dans la branche gauche de l'artère, un caillot un peu plus dense se prolonge dans quelques-unes de ses branches. Dans la branche droite, le coagulum est beaucoup plus volumineux et plus étendu; il en remplit à peu près complètement l'extrémité et envoie des prolongements qui, surtout dans le lobe inférieur, s'étendent aux ramifications de troisième et de quatrième ordre, qu'ils remplissent et distendent fortement. Ces caillots ne sont pas adhérents à la paroi vasculaire, qui ne présente aucune altération à ce niveau.

Rien à noter dans la cavité abdominale.

Réflexions.—On avait affaire ici à des caillots migrateurs partis des veines enflammées; il est regrettable cependant que ces veines n'aient pas été examinées, on aurait eu une certitude qu'on ne peut avoir sans cela. M. Ball fait suivre cette observation de ces lignes :

« Le coagulum pulmonaire distendait les vaisseaux sans adhérer à leurs parois, ce qui ne peut guère exister que dans les cas d'embolie; d'ailleurs, les imprudences de la malade avaient évidemment favorisé la séparation d'un fragment de caillot veineux. »

Obs. II. — Cas de mort brusque, par embolie ; observation lue à la Société de médecine, par M. Briquet (Gazette hebdomadaire, 1862).

Joséphine Baudouin, âgée de 27 ans, demoiselle de comptoir, femme assez grande et assez forte, est affectée, depuis plusieurs années, de varices de toute la hauteur de la veine saphène gauche, depuis le pied, jusqu'au pli de l'aine.

Cette personne n'a jamais été enceinte. — Ces varices, qui sont considérables, ont déjà été deux fois le siége de phlébites fort intenses, qu'on est chaque fois parvenu à calmer.

Au commencement du mois de novembre 1861, cette femme, qui, à raison de ces occupations dans un magasin, est forcée de se tenir constamment debout, a été reprise, pour la troisième fois, d'une inflammation de toute la saphène variqueuse.

Elle entre à la Charité le 19 novembre.

A ce moment, toute l'étendue de la veine et de ses principales divisions était occupée par du sang complètement coagulé, formant de gros cordons durs, environnés d'un tissu cellulaire induré et recouverts par une peau rouge.

A l'aide de la position, de topiques émollients et de soins appropriés, la phlegmasie allait en diminuant; la fièvre était tombée, la saphène n'était plus que médiocrement douloureuse au toucher; tout, en somme, allait au mieux, et la malade comptait se lever sous peu de jours, lorsque le 8 décembre après avoir passé une excellente nuit et avoir pris très-gaiement sa tasse de chocolat, elle fut saisie brusquement par un sentiment de malaise indéfinissable qui la fit appeler au secours. On se hâte, et on la trouve la figure profondément altérée, d'une pâleur extrême; un violent mal se faisait sentir dans la poitrine; l'agitation des membres supérieurs était violente, il y avait anhélation extrême; la malade s'écriait qu'elle allait étouffer, et sa respiration était fort gênée, il n'y avait qu'un pouls filiforme avec des battements de cœur très-tumultueux, mais sans bruit anormal. On s'empresse par tous les moyens de faire cesser cet état d'angoisse et de syncope, mais on voit la mort arriver au bout de vingt minutes.

A l'autopsie, on trouve la saphène interne, ainsi que ses divisions principales occupées par un caillot dur, consistant, noirâtre, plus ou moins adhérent aux parois rouges de la veine épaissie; ce caillot s'arrête brusquement à l'endroit où la saphène profonde vient déboucher dans le tronc qui va devenir la veine iliaque gauche. Cette saphène profonde est libre ainsi que toutes ses divisions; le sang qu'elles contiennent est complètement fluide, et il est évident que ce sont elles qui ont servi de passage au sang veineux du membre inférieur pour établir une circulation supplémentaire.

La veine iliaque est libre, blanche et parfaitement normale, le caillot s'étant arrêté au niveau du ligament de Poupart.

La veine cave est parfaitement libre jusqu'à son entrée dans le cœur. Cet organe lui-même a les chairs un peu molles, friables et de couleur feuille-morte. Rien de notable, si ce n'est que l'oreillette et le ventricule droits contiennent une certaine quantité de sang parfaitement liquide, lequel s'écoule lors de l'incision du cœur, et laisse ces cavités parfaitement blanches et vides. Le ventricule gauche était parfaitement vide et contracté ; jusque-là on ne voyait rien d'anormal.

Mais en incisant l'artère pulmonaire, on la trouve remplie par un caillot qui, replié sur lui-même, était appliqué contre l'origine des deux divisions de l'artère, et occupait tout l'espace compris entre les valvules sigmoïdes et la bifurcation de l'artère ; ce caillot était parfaitement libre dans le tuyau artériel, auquel il n'adhérait aucunement. Les parois de l'artère pulmonaire, ainsi que tout l'endocarde, étaient d'une blancheur et d'un poli parfait.

Ce caillot lui-même, long de 15 centimètres, était parfaitement cylindrique, et le diamètre de ce cylindre était loin d'être celui de l'artère, puisqu'il a à peine un peu plus d'un centimètre. Il est aisé de voir qu'll ne s'est pas fait de la même manière que les concrétions qui se produisent quelquefois dans l'artère pulmonaire. Son apparence se rapporte mieux à la veine iliaque dont il a le calibre.

Il est rougeâtre, très-consistant, complètement dur et composé à l'intérieur de fibrine coagulée.

Les poumons sont pâles et presque exsangues.

Il n'y a pas d'autre altération appréciable dans les organes. Les veines profondes de la cuisse et de la jambe avaient un volume normal; leur calibre était régulier, sans aucun renflement, et leur volume était à peu près égal à celui des veines profondes du membre inférieur droit, où il n'y avait pas de varices. Ces veines profondes étaient remplies de sang liquide.

Réflexions. — Ici le doute n'est pas possible; il est évident que, sous l'influence d'un mouvement quelconque, le caillot qui remplissait la crurale et la veine iliaque, sans adhérer à leurs parois, s'est séparé de celui qui occupait la saphène interne, et que le courant sanguin l'a entraîné jusqu'à l'artère pulmonaire, où il a échoué et occasionné la mort.

Obs. III. — Obs. recueillie par notre ami Longuet, interne des hôpitaux, et publiée dans la Revue médico-photographique des hôpitaux en janvier 1873.

Phlébite variqueuse suivie d'embolie.

Le 9 décembre 1872, entrait à l'hôpital de la Charité, dans le service de clinique de M. le professeur Gosselin, la nommée P... (Emilie), âgée de 30 ans, se plaignant d'un gonflement et d'une inflammation des veines internes de la jambe droite.

Cette femme, d'une corpulence notable, d'une apparence vigoureuse, n'a eu en fait de maladie que de petites douleurs dans les articulations et dans les régions lombaires, douleurs rhumatoïdes dont l'intensité n'a jamais été assez grande pour nécessiter une interruption dans son travail.

Elle n'est pas mariée, n'a jamais eu d'enfants; n'a pas fait de fausses couches. Elle est cuisinière.

Depuis huit ans, elle a aux deux cuisses des varices, dont l'existence ne peut être mise que sur le compte de sa profession. Cette dilatation veineuse, peu accusée du reste, ne l'avait jamais fait souffrir, lorsque le 6 décembre, sans efforts de marche, sans fatigue, sans cause appréciable en un mot, ces varices devinrent volumineuses et dures, la peau qui les entoure rougit, devint chaude et très-sensible à la pression.

La douleur fut telle, que la malade ne pouvant se tenir debout, se décida à venir à l'hôpital chercher un soulagement et la guérison.

Le jour de son entrée, elle présente les phénomènes suivants :

Gonflement modéré, œdémateux, évidemment sur le trajet de la veine saphène interne, commençant au milieu de la cuisse et finissant au milieu de la jambe du côté droit, formé par des varicosités très-nettement apparentes. Rougeur assez considérable. Douleur intense. Cette inflammation veineuse s'accompagne d'angioleucite, car du sommet des sinuosités partent plusieurs traînées rouges qui se rendent au pli de l'aine, où la main constate une induration considérable, noueuse, s'étendant à 5 centimètres environ de chaque côté des varices; et au centre sur le trajet suivi, des points nettement fluctuants.

Toute la région enflammée forme ainsi une plaque dure, au milieu de laquelle la peau amincie recouvre directement les sinuosités pleines de sang liquide.

M. Gosselin posa le diagnostic suivant :

Phlébite variqueuse très-volumineuse avec rougeur considérable de la jambe droite, et prenant cette malade pour sujet de sa clinique du 14 décembre, il présente à ses élèves quelques observations et porte un pronostic favorable.

Le 15. La rougeur entourant les tumeurs veineuses a beaucoup diminué, ainsi que la douleur.

Le 20. L'érythème a presque disparu.

Le 21. A part quelques douleurs dans les reins qui ont nécessité l'application d'un vésicatoire à la base de la poitrine à gauche et en arrière, la malade est débarrassée de sa maladie.

Le 24, après avoir passé une bonne nuit, elle s'assied sur son lit, il était sept heures trois quarts : tout à coup elle pousse un cri en disant « Ah ! mon Dieu, je suis morte ! » puis elle tombe en syncope et se renverse à bas de son lit.

On la relève, on la replace dans son lit.

Elle a quelques convulsions, pâlit, écume un peu, devient rapidement oppressée, delire, appelant ses parents et surtout son père. Le pouls du côté droit est complètement insensible; à gauche l'artère dénote les irrégularités les plus prononcées.

L'auscultation du cœur fait connaître une sorte d'ataxie des mouvements ; mort par asphyxie à huit heures un quart.

La soudaineté des accidents, la forme même de ces accidents, le genre de maladie, font penser à une embolie cardio-pulmonaire.

Autopsie le 25 décembre 1872, à huit heures du matin :

Rigidité cadavérique considérable.

La ponction des veines sous-cutanées et des muscles fait écouler une grande quantité de sang très-fluide, peu foncé en couleur, presque séreux. Le système veineux périphérique est extrêmement rempli.

La cavité péritonéale contient quelques cuillerées d'un liquide trouble, sanguinolent, non purulent.

Le péritoine n'est enflammé nulle part.

L'intestin est légèrement congestionné.

Le foie, très-volumineux, d'une couleur brune foncée, est gorgé de sang.

La rate volumineuse, un peu plus friable qu'à l'état normal.

Les reins, très-congestionnés aussi, sont sains ; pas d'augmentation de leur volume.

Les cavités pleurales sont remplies de fausses membranes épaisses, très-résistantes, anciennes, faisant adhérer les deux poumons à la paroi thoracique.

Poumon gauche légèrement congestionné en arrière (hypostase).

Poumon droit, normal dans sa presque totalité, présente à sa base, sur une étendue de 5 centimètres en hauteur, 10 centimètres en largeur, une résistance, une dureté qui fait penser à la pneumonie (une portion de cette partie congestionnée, enlevée avec des ciseaux, surnage à l'eau). La plèvre au niveau de cette induration et surtout à la face diaphragmatique est parsemée de petites ecchymoses pointillées.

Les deux poumons sont très-sains du reste.

La veine pulmonaire est remplie par du sang liquide. L'artère pulmonaire contient un caillot très-résistant, blanchâtre à l'extérieur, noir au centre, ancien, pas assez volumineux pour obturer complétement le calibre du vaisseau, mais suffisant pour gêner considérablement la circulation.

Péricarde sain ; sa cavité contient 20 à 30 grammes de sérosité.

Hypertrophie du cœur assez prononcée.

L'auricule droite surtout est quintuplée de volume ; les parois auriculaires du même côté sont extrêmement amincies.

Le cœur est rempli d'un sang très-fluide que la pression alternative de l'oreillette et du ventricule droit, fait refluer de l'une dans l'autre cavité. Ce qui indique une insuffisance notable de la valvule tricuspide; le sang reflue également dans les deux veines caves, surtout l'inférieure.

Les veines cardiaques sont très-congestionnées, pleines de sang, la face inférieure du cœur est très-rouge. Le ventricule droit est ouvert par deux incisions partant de ses deux bords et se joignant à la pointe.

Le lambeau triangulaire rejeté en haut vers la base, on voit dans la cavité un énorme caillot replié sur lui-même, déchiré en un point de son étendue, se prolongeant par l'orifice auriculo-ventriculaire dans l'oreillette droite, et de celle-ci dans la veine cave inférieure.

Ce caillot résistant mesure 24 centimètres de longueur ; sa forme est cylindro-conique, sa base légèrement renflée est terminée par trois prolongements ; son sommet est effilé.

La couleur est généralement rose, blanche par places, rouge brun dans certains cas. Il est constitué par une sorte de membrane extérieure blanchâtre, élastique, résistant facilement à des tiraillements même forts, contenant des caillots noirs et des amas de substance blanche.

Le trou de Botal persiste, son calibre égale celui d'une grosse plume d'oie, et entre les lèvres de ce trou existe un petit caillot dur, résistant, fibrineux, évidemment ancien, dont une des extrémités est dans l'oreillette droite et l'autre dans l'oreillette gauche. Cette extrémité gauche, battue par le sang pendant la vie, est déchiquetée ; il est probable que les débris ont été entraînés dans l'artère humérale droite (ce qui explique l'absence de pouls à droite) et dans les artères cérébrales postérieures (ce qui explique les attaques épileptiformes que la malade a présentées vers la fin de son existence).

La veine cave inférieure est très-volumineuse, sa circonférence mesure environ 8 centimètres. Au niveau du ligament de Fallope, la veine crurale présente deux magnifiques valvules, très-considérables, obturant complètement le calibre du vaisseau quand elles sont adossées.

La présence anormale de ces valvules explique :

1° L'augmentation de volume des veines iliaque et cave inférieure, le reflux en retour du sang veineux étant complètement empêché.

2° La forme de la grosse extrémité du gros caillot trouvé dans le cœur. En effet, les deux branches externes correspondent aux deux nids de pigeon des valvules, et sa branche médiane correspond à la lumière de la veine.

3° Le rétrécissement du caillot au niveau de la lumière de la veine; rétrécissement qui a occasionné évidemment la rupture en ce point, dans un mouvement brusque de la malade.

Au-dessous de ces valvules, la circonférence de la veine crurale n'est plus que de 2 centimètres et demi. Celle-ci est remplie par un caillot de même nature que le caillot embolique. Au point où elle reçoit la saphène, son contenu n'est plus que du sang fluide.

La veine saphène interne conserve sa structure et son calibre normal, à partir de son embouchure jusqu'à 12 centimètres au-dessous. A partir de là, elle devient variqueuse. Ses flexuosités sont considérables; l'intervalle qui les sépare est rempli par du tissu cellulo-adipeux que la pression a condensé. A cette condensation est venue s'ajouter l'induration inflammatoire périveineuse, dont la présence pendant la vie s'était manifestée par la rougeur, la tuméfaction, la chaleur et la douleur.

La veine variqueuse contient des caillots noirs, du sang liquide et une couche fibrineuse rosée accolée à la face inférieure de la veine.

La veine saphène gauche est également variqueuse, mais elle n'est pas enflammée et ne contient qu'un peu de sang liquide.

Les veines profondes des deux membres inférieurs ne sont pas variqueuses (exception à la loi de M. Verneuil).

Le cerveau ne présente que le pointillé de la congestion asphyxique. Les veines de la dure-mère sont très-dilatées.

Réflexions. — Cette observation, prise avec beaucoup de

soins, nous montre une femme, jeune et bien portante, entrant à l'hôpital pour une phlébite variqueuse. Cette maladie dont le pronostic est, en général, si peu grave, que M. le professeur Gosselin, dans sa leçon du 14 décembre, se demandant à quoi était dû le gonflement énorme que présentait la région enflammée, disait : « Je crois que, dans le cas qui nous occupe, il y a exsudat plastique un peu partout (c'est-à-dire dans la veine et en dehors de la veine), et il serait désirable que ce point fût éclairci par un examen pathologique. Habituellement (et c'est la règle générale), ces phlébites guérissent, et il est probable que nous ne pourrons pas tirer du fait présent un éclaircissement quelconque. »

Le pronostic ne se réalise pas, et, alors que la malade semble guérie, elle meurt subitement. « La soudaineté des accidents, la forme même de ces accidents, dit l'observation, le genre de maladie, fait penser à une embolie cardio-pulmonaire. »

Et, en effet, l'autopsie vient apporter des preuves convaincantes :

L'artère pulmonaire contient un caillot, ayant tous les caractères des caillots anciens, n'étant pas assez volumineux pour oblitérer entièrement le calibre du vaisseau, mais suffisant pour gêner considérablement la circulation.

Cet embolus seul n'aurait peut-être pas amené une mort aussi rapide, mais l'examen du cœur fournit des données bien propres à expliquer la soudaineté des accidents.

Dans le ventricule droit, on trouve un énorme caillot replié sur lui-même et se prolongeant, par l'orifice auriculo-ventriculaire, dans l'oreillette droite et de celle-ci dans la veine cave inférieure. Ce caillot mesure 24 centimètres, sa base est terminée par trois prolongements, son sommet est effilé. Ces détails montrent d'une manière indubitable que c'est un embolus.

La veine crurale, en effet, présente deux magnifiques valvules obturant complètement le calibre du vaisseau quand elles sont adossées, et la présence de ces valvules suffit pour nous expliquer la forme du caillot; les deux prolongements externes correspondent aux deux nids valvulaires, et le prolongement médian correspond à la lumière de la veine.

Mais ce n'est pas tout, et l'examen attentif du cœur amène une découverte bien intéressante : le trou de Botal persiste, et, entre ses lèvres, existe un caillot ancien dont l'une des extrémités est dans l'oreillette droite et l'autre dans l'oreillette gauche; ce caillot est évidemment aussi un embolus.

Cette embolie du trou de Botal est probablement unique dans la science, du moins chez l'adulte; nos recherches, en effet, ont porté sur un grand nombre d'observations, et nous n'avons trouvé que deux faits d'oblitération du conduit de Botal par thrombose, et chez de jeunes enfants. Ces deux exemples sont consignés dans le livre de M. Bertin sur les embolies artérielles et veineuses.

Il serait bien difficile de trouver une observation plus complète que celle de la malade de M. Gosselin, et nous sommes heureux d'avoir pu l'insérer dans notre travail.

Obs. IV. — Varices du membre inférieur droit. — Phlébite et thrombose de la poplitée et de la fémorale. — Embolie de l'artère pulmonaire. — Mort subite.

(Note recueillie à l'hôpital Cochin, dans le service de M. Després, par M. Seuvre, interne, et publiée dans le bulletin de la Société anatomique du 4 avril 1873.)

Louise L..., blanchisseuse, âgée de 34 ans, d'une bonne santé habituelle. Cette femme a eu quatre enfants; suites de couches normales.

Depuis sa dernière grossesse, elle portait aux jambes, surtout à la droite, des varices peu volumineuses et ne déterminant alors aucune gêne notable dans la marche ou la station debout.

Dans le commencement du mois de mars, sans cause appréciable, la jambe devint plus volumineuse, surtout à la fin de la journée, et la malade ressentit une sorte d'engourdissement.

Les varices superficielles se prononcèrent davantage, et le gonflement, la gêne des mouvements, augmentant de plus en plus, la malade entre le 20 mars à l'hôpital Cochin.

La jambe droite est œdématiée, d'une coloration blanche, d'une consistance pâteuse, peu douloureuse à la pression. Çà et là, à la face interne et à la face postérieure, quelques veines dilatées et variqueuses. Sensation subjective de pesanteur et de tension.

Prescription : Repos absolu au lit, position inclinée du membre, le talon étant élevé.

22 mars. Atténuation des symptômes.

Le 25. La tuméfaction est plus prononcée que les jours précédents; tension du membre et élancemeuts douloureux.

Le long de la poplitée on sent un cordon dur ; la pression détermine e la douleur.

Prescription : Cataplasmes laudanisés.

Le 27. Tout le membre droit est œdématié; le malade accuse une douleur dans l'aine ; le long de la fémorale, on perçoit un cordon induré et sensible.

Appétit excellent; pas de fièvre.

La malade nous dit être enceinte de deux mois. Dès ce moment, M. Desprès nous fait part de ses craintes : la trombose tendant à s'étendre, une embolie peut survenir.

Un vésicatoire est appliqué à la face antérieure de la cuisse.

Le 30. Dans le courant de la nuit, subitement la malade éprouve de l'angoisse, de l'étouffement, et la vie s'éteint.

L'autopsie, faite le 2 avril, soixante heures après la mort, nous montre les lésions suivantes :

Varices musculaires dans l'épaisseur du mollet droit très-prononcées. Saphène interne et saphène externe de ce côté également variqueuses, mais moins que les veines profondes. La poplitée est dure, remplie de caillots fibrineux; sa tunique interne est d'un rouge vineux. Le tissu cellulaire périvasculaire est épaissi, la veine poplitée est difficilement isolée de l'artère.

Les veines fémorale et iliaque externe sont pour ainsi dire bourrées de caillots, les uns blanchâtres, déjà anciens, les autres sont différents et noirs, peut-être formés après la mort.

La thrombose remonte dans la veine cave jusqu'à 4 centimètres environ au-dessus de la réunion des iliaques ; elle se termine à ce niveau par un caillot fibrineux à sommet déchiqueté.

Dans l'iliaque primitive et externe du côté gauche, sang noir coagulé, mais pas de caillots grisâtres.

Rien de particulier dans la partie supérieure de la veine cave inférieure.

En ouvrant le cœur droit et en sectionnant l'infundibulum, on trouve un caillot fibrineux, replié sur lui-même, pelotonné, et bouchant l'orifice de l'artère pulmonaire. Le caillot, ferme, non adhérent aux parois, présente une longueur de 9 centimètres et un diamètre de 8 millimètres. Dans la division gauche de l'artère pulmonaire, on remarque de petits caillots grisâtres, formés assurément avant la mort, et lancés dans l'artère pulmonaire avant les gros caillots sus-mentionnés. Le caillot qui occupe l'artère pulmonaire, déplié, présente le volume d'un crayon, et offre cette particularité tout à fait caractéristique des embolies veineuses, que le caillot présente des dépressions correspondantes aux valvules de la veine où il s'était développé.

Le poumon gauche est affaissé et très-congestionné. La division droite de l'artère pulmonaire contient aussi quelques caillots fibrineux. Le poumon, de ce côté, ne présente rien de particulier à noter.

Réflexions. — Une femme de 34 ans, d'une bonne santé habituelle, entre à l'hôpital pour une phlébite variqueuse de la poplitée et de la fémorale droites. Les veines musculaires du mollet du même côté, ainsi que les saphènes, sont manifestement variqueuses.

Cette femme meurt subitement, après un court séjour dans le service de M. Després.

A l'autopsie, on trouve un caillot ancien bouchant l'orifice de l'artère pulmonaire, et de petits caillots fibrineux dans les branches de cette artère, tant à droite qu'à gauche. Le caillot qui occupe l'orifice de l'artère pulmonaire offre, comme particularité, des dépressions correspondantes aux valvules de la veine où il s'est développé. Ce fait est caractéristique.

On pourra nous objecter que cette femme était enceinte, et que la mort subite par embolie pulmonaire est plus fréquente pendant la puerpéralité que dans les autres conditions de la vie de la femme.

Mais d'abord, la mort subite arrive plus souvent après les couches que pendant la grossesse. De plus, cette femme n'était enceinte que de deux mois, et, à cette période de la gestation, les modifications de la crase du sang ne sont pas assez accentuées pour prédisposer aux thromboses veineuses.

Nous savons, en effet, que la proportion de la fibrine reste normale ou à peu près du premier au sixième mois, et que, d'après les analyses de MM. Andral et Gavarret, Becquerel et Rodier, ce n'est que du sixième au neuvième mois que l'on voit le chiffre de la fibrine s'élever à 3, 4 et près de 5 millièmes. La masse du sang de la femme enceinte augmente un peu pendant les six premiers mois, mais la proportion des différents éléments reste la même, et la coagulation de ce liquide n'est pas favorisée par ces modifications.

Voici, du reste, quelques chiffres obtenus par M. le professeur Jules Regnault; ils prouveront suffisamment que le sang d'une femme enceinte de deux mois est normal :

Compositions de 1000 parties de sang chez la femme à différentes époques de la gestation.

ÉPOQUE de LA GROSSESSE.	Age.	Fibrine.	Albumine.	Globules.	Principes fixes du sérum moins l'albumine.	Eau et principes volatils.
1° Deuxième mois..................	19 ans.	2.60	70.50	125.35	11.75	789.80
2° Fin du deuxième mois...........	21 —	2.80	70.18	126.40	9.30	791.32

L'analyse du sang de la femme dont nous avons parlé n'a pas été faite; néanmoins, nous croyons que, chez elle, la thrombose veineuse était due aux altérations des veines variqueuses qu'elle portait, et non pas à l'augmentation de la fibrine ou à l'inopexie.

Dans la séance de la Société anatomique, où M. Seuvre remit l'observation précédente, M. le professeur Verneuil annonça qu'un cas semblable s'était produit dans son service; voici ses propres paroles :

« Je remettrai une observation analogue recueillie dans mon service il y a quelque temps. C'est une femme qui m'était envoyée de province avec une tumeur variqueuse à la face interne de la jambe, légèrement enflammée. L'affection paraissait en bonne voie de guérison, quand tout à coup, en montant dans son lit, la malade mourut instantanément. »

M. Verneuil a eu l'obligeance de nous remettre cette observation inédite et recueillie par M. du Bourg, élève de son service :

Observation V.

La nommée V... est entrée à l'hôpital de la Pitié pour une tumeur du volume d'une noix, située à 4 centimètres environ au-dessus de la malléole interne de la jambe droite. Cette femme, d'une santé robuste, a depuis six ans les jambes sillonnées de varices.

La tumeur de la jambe droite est molle, un peu fluctuante, douloureuse, située dans le tissu cellulaire; elle est très-manifestement formée par une veine variqueuse, atteinte de la déformation dite sacciforme ou ampullaire.

Cette tumeur n'est pas complètement réductible, ce qui s'explique par la formation d'un caillot. Elle a été enflammée, ce qui est démontré par les douleurs vives que la malade a éprouvées avant son entrée à l'hôpital, et par la rougeur de la peau à son niveau. Du reste, les veines variqueuses qui l'environnent sont dures au toucher et contiennent du sang coagulé.

La malade est morte subitement le 27 décembre 1872.

L'autopsie n'a pas été faite, mais les symptômes de la maladie et la mort soudaine de la malade, en montant au lit, nous permettent de supposer que cette mort 'a dû être occasionnée par une embolie pulmonaire.

Telles sont les observations de mort subite dans la phlébite variqueuse par oblitération de l'artère pulmonaire que nous avons pu rassembler; il est probable que bien des médecins ont eu à constater des cas semblables, mais la cause de la mort n'a pas été déterminée ou les faits n'ont pas été publiés. C'est ainsi que Velpeau parle d'un exemple de mort subite par embolie à la suite de varices enflammées que lui a signalée M. Zambaco, chef de clinique; ainsi que M. Hayem, à la séance du 29 octobre 1870 de la Société de biologie, dit qu'en 1868, dans le service de M. Tardieu, à l'Hôtel-Dieu, il a observé un cas de mort subite par embolies pulmonaires chez une femme variqueuse. Les varices étaient enflammées; on sentait des cordons durs, il y avait phlébite, mais l'observation n'a pas été recueillie.

Avant de terminer ce chapitre, on nous permettra de signaler les deux faits suivants, qui, sans se rapporter directement à notre sujet, n'en sont pas moins importants au point de vue de la pathologie des varices et des morts subites dans les convalescences.

Le premier de ces faits est rapporté par M. Ledentu dans les Bulletins de la Société anatomique, novembre 1863; il s'agit d'un homme convalescent d'une légère inflammation de la paroi abdominale et portant des varices anciennes; cet homme meurt subitement après s'être levé.

La présence des caillots anciens dans les flexuosités de la saphène variqueuse et le repos forcé gardé par le malade étaient des causes suffisantes de thrombose; à ces deux causes s'en ajoute une autre : l'augmentation de la fibrine du sang sous l'influence de cette inflammation localisée dans le tissu cellulaire de la paroi abdominale. Un mouvement brise le caillot à son point de jonction avec les caillots anciens des veines variqueuses, et, malgré sa longueur énorme de 22 centimètres, il est entraîné par le courant sanguin et va oblitérer l'artère pulmonaire.

Les pièces relatives au second fait ont été présentées par M. Hayem à la Société de biologie (séance du 29 octobre 1870); il lut en même temps l'observation dont voici le titre :

« Au moment de la convalescence d'une pneumonie franche, mort subite due à des embolies pulmonaires qui avaient pour point de départ des veines variqueuses non enflammées des membres inférieurs. »

Nous ne reproduirons pas l'observation parce qu'il y avait probablement altération du sang, puisque la malade était convalescente d'une pneumonie; toutefois, nous ferons remarquer que la coagulation était limitée aux veines variqueuses, et nous dirons, avec M. Hayem, que les varices offrent des dangers non-seulement dans les cas où elles sont le siége de phénomènes inflammatoires, mais encore alors qu'elles sont simples. L'observation précédente montre, en effet, que, dans le cours d'une phlegmasie aiguë, les veines variqueuses peuvent devenir le siége de coagulations spontanées. Ce point paraît avoir une grande importance relativement à la question si souvent discutée et encore mal définie des morts subites dans les maladies aiguës à l'époque de leur convalescence.

CHAPITRE IV.

Anatomie et physiologie pathologiques.

A. — Etat des veines. — Genèse des caillots. Leurs modifications, leurs déplacements.

B. — Etat de l'artère pulmonaire. — Les caillots sont-ils des embolus, ou des caillots formés sur place ?

C. — Mécanisme de la mort.

A. Etat des veines. — Genèse des caillots ; leurs modifications, leurs déplacements.

I. Etat des veines.

Avant d'étudier la formation des thrombus dans les varices des membres inférieurs, nous dirons quelles sont les altérations des veines qui constituent cette maladie.

Les varices sont des dilatations permanentes et morbides des veines.

Leur forme varie ; tantôt elles sont cylindroïdes, tantôt elles sont ampullaires. Les premières peuvent être rectilignes ou serpentines, et dans ce cas forment parfois une masse veineuse qui porte le nom de tumeur variqueuse.

Les varices sont dites ampullaires lorsqu'un point seulement de la circonférence étant dilaté, il y a un véritable sac à collet dont l'orifice est plus ou moins rétréci. Quelquefois, dit Follin, cette ampoule veineuse est subdivisée en plusieurs cellules séparées par des cloisons.

Ces dernières offrent, comme on le voit facilement, les conditions les plus favorables à la coagulation du sang.

Quant à leur siége, elles sont superficielles et profondes et, d'après la loi établie par M. le professeur Verneuil, les varices profondes précèdent presque toujours les varices superficielles. Parmi celles-ci, les plus fréquentes sont celles de la saphène interne.

On admet généralement trois degrés dans l'évolution des varices :

1er *degré.* — Dilatation sans déformation, ni altération des parois du vaisseau.

2e et 3e *degrés.* — Dilatation et déformation plus ou moins considérables, suivant l'ancienneté de la maladie.

MM. Cornil et Ranvier ont parfaitement étudié ces altétions et nous ne pouvons mieux faire que de transcrire ce qu'ils ont écrit sur les varices dans leur *Manuel d'anatomie pathologique :*

« Ici la dilatation des veines s'accompagne de modifications persistantes de leur paroi. Les veines ne sont pas seulement dilatées, mais encore allongées, et formant des flexuosités bien plus nombreuses qu'on ne le croyait par l'examen sur le vivant. Le calibre de ces veines est très-irrégulier ; on y observe des dilatations fusiformes ou ampullaires.

« Leurs parois ne présentent pas partout la même épaisseur, ce qu'on ne peut voir qu'après avoir ouvert la veine. Les valvules paraissent alors insuffisantes ou réduites à des brides, ou aplaties contre la paroi, ou détruites en partie.

Au niveau des valvules, on remarque souvent des épaississements assez considérables. La surface interne de la veine montre des saillies et des dépressions longitudinales ; elle est comme plissée en long. La paroi de la veine est extrêmement épaissie par places, de telle sorte que sur une section transversale, son cabibre reste béant comme celui d'une artère.

« On observe quelquefois sur les varices anciennes des incrustations calcaires, sous forme de plaques, de nodules ou de globes à couches concentriques. Les plaques calcaires peu étendues, examinées à l'état frais, ne sont pas visibles; mais quand on a fait sécher ces veines altérées, la partie calcifiée devient très-évidente par son opacité et par la saillie qu'elle forme, tandis que les parties saines se rétractent et deviennent transparentes.

« L'infiltration calcaire se montre sous forme de globes ou phlébolites proprement dits dans les diverticules variqueux, mais on peut aussi observer une induration calcaire dans une étendue de plusieurs centimètres.

« Autour des varices anciennes, le tissu cellulaire sous-cutané a subi les modifications de l'inflammation chronique.

« Au micsoscope, sur des coupes faites dans différentes directions, les parois des veines variqueuses montrent à des degrés divers une altération qui consiste en une formation de tissu fibreux dans la partie interne de la tunique moyenne, accompagnée de l'hypertrophie des faisceaux musculaires de cette même tunique, séparés les uns des autres par du tissu fibreux de nouvelle formation. La tunique interne n'est pas sensiblement hypertrophiée ; elle n'offre pas non plus d'habitude de végétations à sa surface, si ce n'est au niveau de l'implantation des valvules et lorsqu'il y a une coagulation du sang. Cette tunique apparaît sous la forme d'une bande qui se colore légèrement par le carmin et qui possède deux ou trois rangées de noyaux lenticulaires.

« Au-dessous de cette couche qui est bien limitée, il existe un réseau élastique dont les mailles sont comblées par de larges faisceaux de tissu conjonctif dont la direction générale est longitudinale. Ce sont eux qui déterminent les saillies longitudinales visibles à l'œil nu sur la face interne de la veine. Ces faisceaux sont recouverts de grandes cellules de tissu conjonctif.

« A cette couche interne de la tunique moyenne dont l'épaisseur est toujours considérable, succèdent des faisceaux de fibres musculaires qui sur des coupes transversales, apparaissent comme des îlots formés par une série de cercles clairs, présentant à leur centre la section d'un noyau cylindrique. Les faisceaux musculaires les plus vo lumineux sont elliptiques. Ces faisceaux dans la partie externe de la tunique moyenne ont presque tous une direction transversale, et ils s'entre-croisent avec des faisceaux longitudinaux.

« Ces faisceaux sont habituellement séparés les uns des autres par du tissu conjonctif, de telle sorte qu'il y a continuité du tissu conjonctif depuis la tunique interne jusqu'à l'extrémité. Il en résulte que les éléments musculaires peuvent se déplacer facilement les uns sur les autres et que les liquides peuvent pénétrer dans le vaisseau ou en sortir, ce qui nous explique la fréquence des œdèmes et des inflammations chroniques dans ce cas.

« L'épaisseur de la tunique moyenne ainsi modifiée est de deux à dix fois plus considérable qu'à l'état normal. »

Nous terminerons ici les considérations générales que nous devions donner sur l'anatomie pathologique des varices.

Toutefois nous voulons faire remarquer que dans les observations du chapitre précédent, les malades étaient atteints de varices anciennes, qui par conséquent offraient le plus grand nombre des altérations que nous avons décrites ; dans l'une même il y avait une véritable tumeur variqueuse. Or, c'est principalement dans les varices des deuxième et troisième degrés que se forment les coagulations sanguines et ce sont aussi ces mêmes varices qui le plus souvent se compliquent de phlébite.

II. Genèse des caillots dans les varices enflammées.

On admet généralement trois causes de la coagulation du sang dans les veines :

1° *Le ralentissement de la circulation ;*

2° *L'altération des parois vasculaires ;*

3° *Une modification particulière de la fibrine*, la rendant plus facilement coagulable et que J. Vogel appelle l'inopexie, altération qui dans un certain nombre de cas coïncide avec une augmentation quantitative des substances fibrinogènes. Cette dernière cause donne lieu aux thromboses cachectiques ou marastiques comme les a appelées Virchow, et se rencontre chez les cancéreux, les tuberculeux, dans l'état puerpéral et, en général, dans toutes les maladies débilitantes. L'inopexie est jusqu'à présent une hypothèse ; la cause principale de ces coagulations est, peut-être, l'affaiblissement de l'action du cœur uni aux stases partielles produites par la déclivité et l'immobilité des parties. Toujours est-il que le sang des cachectiques offre des modifications que les beaux travaux de MM. Andral et Gavarret, Becquerel et Rodier ne permettent pas de mettre en doute. Il y a diminution des globules rouges, augmentation de la fibrine et de la partie séreuse du sang.

Les coagulations spontanées dans les vaisseaux de ces malades sont-elles dues simplement à l'augmentation de la fibrine ?

Nous ne nous arrêterons pas à cette question ; elle est en dehors de notre sujet ; dans nos observations, en effet, nous n'avons affaire qu'à des individus robustes, n'offrant aucune altération du sang et chez lesquels le coagulum sanguin s'est formé d'une tout autre manière.

Restent donc les deux premières causes :

1° *Ralentissement de la circulation ;*

2° *Altération des parois.*

Comment se forment les thromboses sous l'influence de ces deux causes, et d'abord comment explique-t-on aujourd'hui la coagulation du sang dans les vaisseaux pendant la vie?

« On sait que la fibrine ne préexiste pas dans le sang; elle se forme au moment même où elle se coagule, et cela par le dédoublement d'une matière protéique fluide qui fournit en se décomposant de la fibrine concrète et de la fibrine dissoute. Cette matière, désignée sous le nom de plasmine par Denis (de Commercy), a été nommée substance fibrinogène par Virchow et Al. Schmidt. Les recherches de ce dernier ont établi que de toutes les substances capables de produire le dédoublement de la plasmine, la plus puissante est la globuline, contenue dans les hématies ou globules rouges du sang; elles ont montré en outre que si la coagulation n'a pas lieu à l'état normal dans l'intérieur du système circulatoire, malgré la présence de la plasmine et de la globuline, c'est parce que la paroi vasculaire vivante et saine a la propriété d'annihiler l'action dédoublante de la globuline, en la décomposant elle-même, ou en la transformant en substance fibrinogène. Quoi qu'il en soit de cette dernière partie de la théorie, il est certain que l'intégrité de la paroi vasculaire est nécessaire pour maintenir le sang liquide. » (G. Sée, *Leçons de path. expérimentale;* Paris, 1866.)

L'intégrité des parois des vaisseaux est donc nécessaire au sang pour conserver sa fluidité et la nature a tapissé ces parois d'une couche épithéliale, sorte de vernis organique bien favorable au glissement rapide de la colonne sanguine.

Mais les altérations des parois ne sont pas la seule cause mécanique de la formation des concrétions sanguines dans les veines et dans les varices en particulier; le sang doit encore, pour rester fluide, conserver la rapidité normale de son cours.

Nous commencerons par l'étude des thromboses dues au ralentissement du sang, et comme il peut avoir lieu de plusieurs manières, nous passerons rapidement pour ne nous arrêter qu'au ralentissement spécial qu'on rencontre dans les varices :

I. *Thrombose par ralentissement ou stase.*

1° *Par rétrécissement de la lumière du vaisseau.* — C'est ainsi que se forment les caillots quand une tumeur ou une ligature viennent comprimer une veine. Signalons encore, parmi ces causes externes, et comme se rapportant particulièrement à la phlébite variqueuse, l'inflammation des tissus périphériques; là surtout où ces tissus sont bridés par les aponévroses, ils peuvent étrangler la veine.

2° *Par dilatation des vaisseaux.* — « En supposant que la quantité du liquide soit la même, la circulation est d'autant plus lente que le diamètre des canaux est plus considérable ; les couches périphériques de la colonne sanguine échappent en grande partie à la progression affaiblie du liquide, et si la dilatation est sacciforme, elles sont bientôt frappées d'immobilité; en tout cas, ces couches stagnantes servent de point de départ et d'appel à la solidification et au dépôt des matières coagulables, et la thrombose a lieu. En raison même de son mode de production, le thrombus au début, est toujours limité à l'une des parois du vaisseau, il est pariétal ; il peut s'accroître ensuite au point de devenir oblitérant, mais il est rare qu'il ait d'emblée cette disposition, à moins que les veines ne soient à la fois dilatées et flexueuses. » (Jaccoud.)

Ces conditions se trouvent réunies dans les varices; non-seulement le diamètre des veines malades est augmenté, mais elles sont flexueuses, sacciformes, et quelquefois elles offrent des diverticules où le sang se concrète en couches fibrineuses avec la plus grande facilité, comme dans les anévrysmes, parce qu'il est en partie soustrait à l'impulsion qui le meut.

3° *Par solution de continuité;*

4° *Par parésie cardiaque.*

Ces deux derniers modes de ralentissement du cours du sang ne s'appliquent pas à l'étude que nous avons entreprise; mais les deux premières, compression et dilatation des veines, peuvent être admis en tant que causes adjuvantes pour expliquer la formation des concrétions sanguines dans les veines variqueuses atteintes de phlébite.

Mais la cause principale de la coagulation du sang dans les varices est l'altération de leurs parois, altération qui devient plus considérable encore quand l'inflammation vient faire tomber l'épithélium de la membrane interne, si elle existe encore, ou donne naissance à un exsudat plastique quand cette tunique n'existe plus, comme dans les varices anciennes.

II. *Thrombose par modification de la paroi.*

L'expérience apprend que plus un vase est poli, moins le sang contenu dans le vase se coagule avec facilité, mais que, si on vient à y placer des corps étrangers, la fibrine se dépose rapidement sur ces corps.

Il en est de même dans les vaisseaux : lorsque la tunique interne est polie et revêtue de son vernis épithélial, le sang qui n'est pas altéré ne se coagule pas; mais que les parois soient dépolies et présentent des enfoncements ou des saillies, la fibrine se fixe aux aspérités et l'on peut se convaincre de ce fait en introduisant, par exemple, un fil dans la veine d'un animal vivant, ce fil sera bientôt couvert de fibrine.

Or les parois des veines variqueuses sont modifiées, comme nous l'avons montré au commencement de ce chapitre, et la tunique interne en particulier montre des saillies et des dépressions en long, elle est légèrement hypertrophiée, certains points sont dépourvus d'épithélium; il y a des végétations au niveau des valvules disparues ; d'autres fois ces valvules sont insuffisantes, on les trouve allongées, déformées, ayant leur bord libre tourné vers les capillaires ; souvent elles sont en partie détruites et n'adhèrent plus aux parois vasculaires que par leurs deux extrémités ou par une seule, de manière à constituer une bride, un pont ou un voile flottant (Follin).

Cette description ne montre-t-elle pas combien ces saillies, ces rugosités ont d'analogie avec les corps étrangers introduits dans les veines des animaux vivants. Une première couche de fibrine se dépose sur une saillie rugueuse ou dans un enfoncement, une seconde couche vient s'ajouter à cette première, et ainsi de suite jusqu'à ce que le caillot vienne entièrement oblitérer la lumière du vaisseau.

Les tuniques moyenne et externe sont épaissies; quelquefois elles contiennent des incrustations calcaires qui soulèvent la tunique interne et viennent encore augmenter les chances de dépôts fibrineux.

La tunique moyenne a perdu son élasticité, les fibres musculaires sont hypertrophiées et n'agissent plus en se contractant, autre cause de ralentissement du courant sanguin.

A ces causes vient s'ajouter dans les cas qui nous occupent l'inflammation aiguë des parois vasculaires. Ici on n'a pas à se préoccuper de savoir si la tunique interne des veines peut s'enflammer, elle est en partie détruite.

Le processus inflammatoire du tissu cellulaire périveineux gagne les tuniques externe et moyenne et peut même atteindre la tunique interne si elle existe encore. Il se forme à l'intérieur de la veine un exsudat plastique, et cet exsudat, en se mêlant au liquide sanguin, ne peut pas être étranger à la formation des caillots veineux, surtout quand il se forme une pseudo-membrane.

Ainsi nous admettons qu'aux altérations chroniques des parois des veines variqueuses viennent se joindre les lésions que fait naître l'inflammation aiguë de ces veines, et que c'est sous l'influence de ces causes que se forment les concrétions sanguines de la phlébite oblitérante.

III. Des caillots et de leurs modifications.

Nous avons démontré dans le paragraphe précédent que le thrombus commençait presque toujours par la paroi du vaisseau. Un noyau de fibrine se précipite en un point sur une saillie, une rugosité ou bien dans un diverticulum où le sang ne reçoit plus l'impulsion qui le meut ou bien sur la paroi enflammée; ce noyau de fibrine solidifiée appelle la fibrine dissoute, et l'augmentation du caillot a lieu par le dépôt de couches nouvelles.

Voyons donc les caractères de ces caillots. Et d'abord comment distingue-t-on une coagulation sanguine formée dans une veine après la mort de celle qui y a pris naissance pendant la vie ?

1° Après la mort. — L'ensemble d'un caillot formé après la mort rappelle la consistance de la gelée de groseille. La forme représente celle de la cavité qui l'a contenu.

« On rencontre surtout ces coagulations dans les grosses veines, les veines caves, l'iliaque et la crurale. Elles n'adhèrent pas à la paroi, et lorsque après l'ouverture de la veine on enlève le coagulum ou reconnaît qu'il envoie des prolongements dans les collatérales. Ces prolongements se laissent étirer dans une certaine étendue. Ces caillots sont rouge brun, veinés de blanc jaunâtre, ou bien en partie fibrineux et en partie cruoriques; les parties blanches ou rosées se montrent habituellement dans la couche supérieure, la portion rouge à la partie inférieure ou déclive relativement à la position du cadavre. » (Cornil et Ranvier.)

2° PENDANT LA VIE. — Les concrétions sanguines formées pendant la vie ont une consistance plus ferme ; elles sont plus sèches, cassantes.

M. Bouillaud (*Traité des maladies du cœur*, t. II, p. 511) les compare au gluten, à la fibrine préparée, ou bien aux pseudo-membranes des tissus séreux, qui commencent à s'organiser. Suivant Legroux (*Des polypes du cœur*, *Gazette hebdomadaire*, 1856, p. 717), cette consistance serait due à l'expulsion de la sérosité retenue dans les aréoles fibrillaires. La fibrine ainsi condensée devient cohérente, terne et semblable aux concrétions qui remplissent d'anciens sacs anévrysmaux. Leur coloration varie avec leur ancienneté. Ils sont habituellement gris-jaunâtres, avec des nuances ardoisées. « Ils sont disposés en couches concentriques, et cette disposition est due à ce que le caillot primitif éprouve un retrait total par la rétraction de la fibrine ; il reste alors entre le caillot et la paroi de la veine un espace qui bientôt est rempli par le sang qui circule encore, bien qu'avec difficulté. La coagulation de ce dernier est suivie d'un nouveau retrait, et ces phénomènes se poursuivent jusqu'à ce que la veine, complètement distendue, soit appliquée si exactement sur le caillot que la circulation s'arrête.

« Les couches les plus externes sont les plus récentes, tandis que les couches centrales présentent une coloration jaunâtre puriforme, que nous étudierons plus loin. Une coupe de caillot, faite après le durcissement dans l'alcool, colorée au carmin et examinée dans la glycérine acidifiée, montre des globules rouges encore reconnaissables à la partie périphérique du thrombus, séparés par des lits ramifiés de fibrine dans lesquels on voit des globules blancs, colorés en rouge par le carmin. » (Cornil et Ranvier.)

La structure intime des caillots étant connue, étudions maintenant les différentes conditions qui permettent à un caillot fibrineux adhérent aux parois du vaisseau qui le renferme de se détacher.

Quand la coagulation sanguine débute dans de petites veines, il peut arriver que « cette coagulation ne se contente pas de s'étendre jusqu'au tronc principal; il se forme, à l'extrémité du thrombus qui bouche l'orifice du ramuscule, de nouvelles coagulations sanguines, se déposant couche par couche dans la veine la plus large. Le thrombus s'étend donc dans le tronc principal, s'allonge au-dessus de l'orifice du ramuscule en suivant la direction du courant sanguin, et son volume augmente de plus en plus. Bientôt ce thrombus prolongé n'est plus en rapport avec le thrombus primitif qui lui a donné naissance. Le thrombus prolongé peut avoir le volume du pouce, tandis que le thrombus primitif a le volume d'une aiguille à tricoter.

Ces thrombus prolongés font naître de grands dangers; ils subissent un brisement, ils sont comme émiettés et causent ensuite l'occlusion secondaire des vaisseaux éloignés. Le sang ne traverse plus le vaisseau primitivement oblitéré, dans lequel la circulation est entièrement interrompue; mais dans le tronc principal, le sang continue à couler, les bouchons faisant saillie à diverses hauteurs, dans le tronc principal, subissent le frottement et les chocs de l'ondée sanguine; de petites parcelles peuvent se détacher; sous cette influence, le courant sanguin les transporte, et elles vont s'enfoncer comme un coin dans le système artériel le plus voisin. » (Virchow, *Pathologie cellulaire*, p. 169.)

Les caillots prolongés de Virchow ne sont pas les seuls qui causent des embolies. La coagulation sanguine peut s'être formée primitivement dans une grosse veine, comme cela arrive souvent dans la phlébite variqueuse; elle peut être terminée ar une extrémité conique, quelquefois effilée, d'autre fois légèrement renflée, et comparable par sa forme à la tête de certains serpents. Cette extrémité peut remonter plus ou moins. Dans ces caillots, le ramollissement procède souvent du centre à la périphérie, et ronge la base du renflement céphalique du caillot avant d'en entamer la pointe. C'est alors que des fragments volumineux peuvent s'en détacher, et, libres au sein du torrent circulatoire, en suivre immédiatement le cours. Tel est, sans doute, le mécanisme habituel de l'embolie; mais des conditions particulières peuvent faciliter la rupture soudaine du caillot.

La plus importante de toutes est le voisinage d'un gros tronc veineux, libre de tout obstacle au cours du sang. (Thèse de Ball.) Il suffit de parcourir nos observations pour se convaincre de l'importance de ce fait.

Quelquefois au-dessus du caillot, formé dans la partie malade ou enflammée de la veine, il se forme une nouvelle coagulation amenée probablement par le défaut d'impulsion du sang et peu adhérente aux parois veineuses que l'on trouve saines. C'est ainsi, sans doute, que se sont formés les coagulums des veines iliaques chez nos malades, et c'est la rupture de ces caillots, en quelque sorte secondaires, qui a donné lieu à la mort.

D'autres fois le caillot se ramollit à sa partie centrale; il devient caverneux, et cette espèce de cavité anfractueuse est remplie d'un détritus blanchâtre, pris autrefois pour du pus.

«Au microscope, ce détritus paraît constitué par un très-grand nombre de globules blancs ayant subi la dégénérescence caséeuse : ils sont irréguliers, ils présentent dans leur intérieur des granulations graisseuses et ne contiennent plus de noyaux apparents. A côté de ces globules, on trouve des granulations qui disparaissent par l'action de l'acide acétique et des granulations graisseuses libres. » (Cornil et Ranvier.)

Dans aucune de nos cinq premières observations le ramollissement central du caillot n'est indiqué, mais nous avons trouvé, dans les *Bulletins de la Société de biologie*, un exemple remarquable de ce ramollissement.

Observation VI.

Il s'agit d'une malade de M. Follin, entrée à l'infirmerie de la Salpêtrière, le 16 novembre 1862, pour une amaurose incomplète. L'observation a été recueillie par M. Thomas.

Cette femme, d'une bonne constitution, est tout à coup prise de douleur vive dans le mollet. Quelques jours après, elle a une dyspnée subite et un point de côté. La respiration est normale, les bruits du cœur sont tumultueux.

25 novembre. Les douleurs de la poitrine avaient cessé, mais la jambe était devenue le siége d'un œdème assez considérable.

Le 28. La douleur est plus violente encore, l'œdème a graduellement augmenté, et la pression est extrêmement douloureuse.

Le 29. Même état que la veille. A une heure on constate le décès de la malade, qui avait cessé de se plaindre depuis quelques instants et qu'on croyait assoupie.

Autopsie : Les veines du membre inférieur droit sont noirâtres et distendues. La veine poplitée étant incisée, on trouve sa cavité remplie d'un coagulum récent englobant de petits caillots d'un blanc rosé, de date plus ancienne. Les veines fémorale et iliaque externe du côté droit présentent le même contenu.

La veine cave inférieure contient du sang noir, liquide, et, au milieu de celui-ci, au niveau de l'embouchure des veines rénales, un caillot qui a un peu plus d'un demi-centimètre de diamètre et est ramolli à la partie centrale; celle-ci. examinée au microscope, nous a paru formée d'une substance granuleuse, d'une très-grande quantité de globules graisseux, et d'une quantité assez notable de globules blancs du sang.

Le ventricule droit du cœur contient du sang noir; à la pointe, on observe des caillots anciens, rosés, cylindriques, de même volume environ que celui trouvé dans la veine cave inférieure. Tous ces caillots sont ramollis à leur partie centrale, et cette disposition se remarque bien sur plusieurs de ces caillots, qui ont été divisés en ouvrant le ventricule et dont la partie centrale liquide s'est écoulée après l'incision.

On trouve des caillots semblables dans l'artère pulmonaire; les deux grosses branches en sont remplies.

Réflexions. — Il est facile dans ce cas de suivre la migration des embolies, on les trouve échelonnées dans divers points de leur trajet. L'observation est intéressante aussi ou point de vue du ramollissement central de ces caillots; de plus, la coagulation était peut-être due à une phlébite variqueuse ; la malade n'était atteinte d'aucun état général pouvant favoriser la thrombose veineuse.

Organisation des caillots.

Les concrétions sanguines peuvent-elles s'organiser?

Dès 1820 l'organisatisn des caillots était admise par Laënnec.

Plus tard, MM. Andral, Bouillaud, Hardy ont adopté la même opinion.

M. Cruveilhier ne l'admet pas; (pour lui les prétendus vaisseaux qu'on aurait trouvés dans les concrétions sanguines ne sont autre chose que les globules rouges du sang emprisonnés dans les mailles du caillot, opinion à laquelle se sont rangés Kreysig, Meisner, Bellingham et Legroux.

MM. Robin et Verdeil (*Chimie et physiologie pathologiques*, t. III, p. 262) ne sont pas moins explicites.

« La fibrine exsudée ou épanchée ne s'organise jamais; elle se résorbe et forme corps étranger à l'inverse de la lymphe plastique... Les stries rouges qu'on observe sur les caillots et qui ont été prises pour des capillaires, sont constituées uniquement par la matière colorante du sang, mais jamais on n'y a rien vu qui rappelle la structure du vaisseau de nouvelle formation. »

M. Bucquoy (Thèse d'agrégation 1863) pense que si la question a donné lieu à des solutions aussi diamétralement opposées, c'est qu'on a négligé de faire la distinction qu'il cherche à établir : « Autre chose est la fibrine du caillot ou de la concrétion sanguine, autre chose est celle de l'exsudat inflammatoire : la première est inorganisable, la seconde, au contraire, est douée de propriétés éminemment plastiques. »

MM. Ball, Feltz, Bilroth, admettent, comme M. Bucquoy, l'organisation de l'exsudat inflammatoire.

M. Lancereaux croit aussi qu'au pourtour des caillots, il y aurait des noyaux et des cellules de tissu conjonctif qui s'organisent et constituent bientôt une fausse membrane qui circonscrit le caillot.

« Aujourd'hui l'organisation du caillot est admise. Cette organisation, démontrée par Zwicky, consisterait dans la transformation du thrombus en tissu conjonctif avec ou sans formation de vaisseaux nouveaux ; cette vascularisation a été niée, mais les observations de Zwicky et de Stilling l'établissent positivement, et Virchow déclare que le fait ne peut soulever aucun doute. Lorsque le thrombus s'organise, il contracte une adhérence intime avec la paroi vasculaire, en même temps qu'il diminue encore de volume ; aussi cette métamorphose a-t-elle souvent pour effet le rétablissement d'une canalisation au moins partielle, soit centrale, soit latérale. » (Jaccoud, p. 25, t. I.)

Nous devrons donc favoriser l'organisation des caillots pour mettre un obstacle à leur rupture et à leur déplacement.

B. État de l'artère pulmonaire ; les caillots sont-ils des embolus, ou des caillots formés sur place ; localisation des embolus.

I. État de l'artère pulmonaire, et caillots.

« La présence primitive dans l'artère pulmonaire de coagulums (caillots fibrineux) anciens, formés longtemps avant la mort, est toujours (quand l'obstruction de l'artère précède, d'une façon évidente, les modifications accidentelles du parenchyme ou en est indépendante) secondaire par rapport au lieu de la coagulation. Ces caillots se développent en un point du système vasculaire, occupant, par rapport à la circulation, une position antérieure aux poumons, c'est-à-dire dans les veines ou dans le cœur droit, et ils sont apportés par le courant sanguin dans l'artère pulmonaire. (Virchow. *Trombose et embolie.* Traduction de Pétard. *Union médicale*, 1859, t. IV.)

L'étude de ces thrombus dans les veines nous a montré par quelles métamorphoses successives ils passaient, et les conditions anatomiques qui favorisaient leur rupture et leur déplacement. Nous avons vu leur structure, il nous sera donc facile maintenant de reconnaître ces blocs erratiques dans l'artère pulmonaire où ils viennent échouer. Si, en effet, nous trouvons aux embolus la même forme, le même volume, la même consistance et la même coloration qu'aux caillots des veines périphériques, leur parenté sera évidente. Le doute ne sera plus permis, si, en même temps, nous ne trouvons pas dans l'artère pulmonaire des lésions propres à expliquer leur formation.

Mais avant de démontrer que les caillots anciens trouvés dans l'artère pulmonaire sont bien des embolus et non des caillots formés sur place dans un vaisseau malade, il faut établir que le courant sanguin est assez fort pour entraîner et porter au loin des corps d'un poids spécifique plus considérable que celui du sang veineux.

De nombreuses expériences ont été faites à ce sujet; Virchow a introduit dans les veines des chiens des morceaux de viande, de caoutchouc, etc., et le courant sanguin entraîna ces corps étrangers dans le cœur droit et l'artère pulmonaire.

Ceci étant admis, voyons si les thromboses spontanées dans l'artère pulmonaire existent et sont fréquentes.

Avant les travaux de Virchow la question n'était pas douteuse; lorsqu'on trouvait dans l'artère pulmonaire un caillot ancien, personne n'hésitait à le regarder comme formé sur place, et c'était à l'artérite qu'on attribuail son développement.

Virchow, après sa découverte de l'embolie, n'admit plus la thrombose de l'artère pulmonaire et chercha à prouver que l'obstruction de ce vaisseau était toujours due à un caillot migrateur.

MM. Bucquoy, Ball et Lancereaux, tout en reconnaissant l'exactitude de cette proposition, ne l'admettent pas avec son caractère exclusif.

MM. Bouillaud, Andral et Lancereaux ont cité des cas évidents de lésions de l'artère pulmonaire ayant pu favoriser la coagulation sur place, mais ces faits sont rares. M. Lancereaux est porté à admettre la fréquence de productions néomembraneuses dans les artères des individus qui font des excès de liqueurs alcooliques, et l'artère pulmonaire pourrait être ainsi obturée par des caillots autochthones. Mais ces derniers se distinguent des caillots emboliques et nous ne pouvons mieux faire que d'emprunter à M. Ball le tableau suivant qui résume les caractères propres à chacun d'eux.

Caillots spontanément formés dans l'artère pulmonaire.	*Caillots emboliques.*
Débutent par les petites ramifications; caillots arborescents.	S'arrêtent sur les éperons valvulaires au niveau des bifurcations.
Structure homogène dans toute la longueur du caillot.	Masse blanchâtre environnée de coagulums mous.
Forme régulière, extrémité cardiaque arrondie.	Forme irrégulière.
Texture stratifiée.	Texture irrégulière.
Ne remplissent point exactement calibre du vaisseau.	Distendent le vaisseau sans adhérer à ses parois.

Ainsi le début, la structure, la forme de ces coagulations diffèrent entièrement.

Les caillots anciens et emboliques sont habituellement nombreux.

Virchow a signalé, comme caractéristique de l'embolie, un fait de la plus haute importance. Quand le cours du sang est plus ou moins intercepté par un bouchon vasculaire, des coagulations consécutives se déposent autour de lui. Ces caillots cruoriques et récents, dont la présence est à peu près constante, se distinguent aisément, dans la généralité des cas, du noyau fibrineux qui en a provoqué le dépôt.

L'aspect, la couleur, la consistance de ces deux masses associées par les circonstances, mais désunies par la provenance et par l'âge, les font nettement trancher l'une sur l'autre.

La paroi artérielle fournit des garanties importantes; elle porte les traces de l'inflammation aiguë ou de l'inflammation chronique; elle est athéromateuse. Si le caillot est sous la dépendance de l'inflammation artérielle, il occupera toute la portion du vaisseau où siége l'inflammation. Outre la conformation des embolus qui sont habituellement courts, ovoïdes ou bien longs et se repliant quelquefois, déchiquetés, portant l'empreinte des valvules des veines où ils se sont formés, une des meilleures garanties de parenté entre les concrétions artérielles et les caillots des veines, est assurément l'adaptation possible des surfaces de brisement.

Enfin, on peut trouver (voir l'obs. 6 qui en est un exemple remarquable) des morceaux de caillots sur le chemin parcouru par l'embolus. La route vasculaire est dans l'intervalle parsemée de caillots brisés.

Dans nos observations il n'y avait aucune altération de l'artère pulmonaire ayant pu favoriser la formation d'une thrombose spontanée. Les caillots présentaient tous les caractères des caillots anciens, et, tous, des signes de parenté avec les coagulations qu'on trouvait encore dans les veines variqueuses. Ils avaient donc bien pris naissance dans ces veines et s'étaient déplacés à la suite d'une rupture, dont nous chercherons à établir le mécanisme.

II. Localisation des caillots dans l'artère pulmonaire et le ventricule droit.

Il est rare de voir un corps charrié par le sang veineux, s'arrêter dans le cœur droit sans pénétrer dans l'artère pulmonaire ; le passage des embolies, quand elles ne sont pas trop volumineuses, paraît s'effectuer à travers le cœur sans grandement impressionner ce dernier, ni l'organisme.

Dans le poumon, les embolies d'un certain volume, en vertu des lois de la pesanteur, gagnent habituellement les lobes inférieurs. L'embolus, en effet, ne se meut pas dans l'axe même du vaisseau, mais le long de ses parois, absolument comme font les globules blancs; il se dirige donc forcément vers les régions déclives.

L'embolie siége beaucoup plus souvent dans le poumon droit que dans le gauche; cela tient uniquement à la différence de calibre des deux branches droite et gauche de l'artère pulmonaire (Hirtz et Strauss. Dict. de Jaccoud).

Les accidents varient d'intensité suivant le volume du projectile sanguin. Si l'obstacle s'arrête dans une ramification de troisième ou de quatrième ordre, la vie n'est pas directement menacée. Mais la scène morbide change quand l'embolus vient oblitérer le tronc ou les grosses branches de l'artère pulmonaire. La mort subite en est la conséquence et c'est ce qui s'est passé chez les malades dont nous avons parlé. Dans tous les cas que nous avons examinés il y avait embolie des grosses branches de l'artère pulmonaire ou du tronc de cette artère, et dans un cas le caillot le plus volumineux était dans le ventricule droit. La mort subite peut cependant, d'après les observations de M. Feltz, être quelquefois déterminée par l'oblitération embolique des capillaires pulmonaires, mais cette terminaison est rare et se manifeste de préférence chez des malades présentant d'autres lésions de nature à gêner la respiration ou la circulation.

C. Par quel mécanisme arrive la mort subite ?

Virchow attribue la mort par embolie pulmonaire à une syncope et il l'explique ainsi : « L'oblitération de l'artère amène l'ischémie pulmonaire; le cœur gauche et l'aorte ne reçoivent plus qu'une quantité extrêmement faible d'oxygène. Les artères coronaires ne fournissent plus au cœur la quantité voulue de son excitant naturel, et cet organe s'arrête dans la diastole. »

Il y aurait donc paralysie du cœur et état syncopal. Le professeur de Berlin admet bien ensuite l'asphyxie, mais pour lui la syncope est prépondérante.

Panum combat les idées de Virchow. Pour lui, la vraie cause prochaine de la mort subite par embolie pulmonaire est le manque de sang artériel au cerveau et à la moelle allongée. Ce manque de sang artériel aux grands centres nerveux produit au premier moment des phénomènes d'irritation tels que : extension tétanique des extrémités, évacuations involontaires de l'urine et des matières fécales. Ces signes passagers d'irritation des grands centres nerveux dépendent évidemment de l'altération de la substance nerveuse causée par une anémie locale poussée à l'extrême; et l'on comprend que la mort arrive très-vite si la nutrition de la substance nerveuse cesse brusquement par l'interruption soudaine et complète de la circulation; l'agonie au contraire se prolonge si l'interruption de la circulation, moins subite et moins complète, entrave la nutrition de la substance nerveuse sans en détruire tout d'un coup les qualités vitales. »

Les écrivains allemands se sont partagés entre ces deux théories.

En France, M. Jacquemet (de Montpellier), qui a traité la question au Congrès national (2ᵉ session ; Lyon, 1864), pense que la mort peut arriver de deux manières : par syncope lorsqu'elle est instantanée, et alors ou l'obstruction de l'artère pulmonaire est complète et ne permet pas au ventricule droit de se vider, ou bien la sidération nerveuse qui frappe subitement les foyers innervateurs, atteint aussitôt, comme par contre-coup, l'organe central de la circulation.

Par asphyxie, lorsque la mort est un peu moins prompte, et dans ce cas il y a cessation progressive de l'hématose, l'obstacle embolique ne fermant pas complètement l'artère pulmonaire, mais laissant encore, pendant quelques moments, une partie du courant veineux parvenir jusqu'aux poumons et y entretenir un reste d'hématose qui peu à peu devient insuffisant à la vie.

Trousseau croit que, presque toujours, les malades succombent par le poumon et à une variété d'asphyxie causée par un obstacle assez considérable pour arrêter tout à coup ou dans quelques instants l'arrivée du sang dans les poumons. Il admet cependant la mort par syncope, qui doit être bien rare, puisque le cœur continue à battre pendant l'agonie.

Nous croyons que la mort par embolie pulmonaire est due à l'asphyxie, asphyxie spéciale par obstacle à la circulation, l'air continuant à pénétrer librement dans les tuyaux bronchiques. Toutefois, les phénomènes ultimes peuvent dans certains cas se diviser en deux temps, nous en avons des exemples dans nos observations. Il y aurait d'abord arrêt des mouvements du cœur quand un caillot volumineux traverse le ventricule droit, puis un second temps caractérisé par une suspension des échanges gazeux dans les cellules pulmonaires.

L'anémie cérébrale, admise par Panum, peut être regardée comme cause adjuvante, mais n'est pas la cause prochaine de la mort.

Nous rejetons aussi la distinction que M. Jacquemet a cru devoir faire. Nous ne voyons aucun motif de scinder des procédés morbides distincts par leur seule violence; l'extinction rapide de la vie peut tout aussi bien avoir lieu par interruption immédiate de l'oxygénation du sang que par syncope.

Il suffit de lire nos observations pour voir comment ont succombé les malades; la femme qui fait le sujet de l'observation III a d'abord eu une syncope, puis une asphyxie qui l'a tuée; les autres sont morts d'asphyxie.

Ainsi, dans tous les cas que nous citons, pas un seul malade n'a succombé à une syncope proprement dite. Le fait nous paraît donc fort rare, mais nous l'admettons, et l'observation du malade de M. Thirial, reproduite par Trousseau, nous semble le prouver. Les limites de notre travail ne nous permettent pas de reproduire cette longue observation; nous en donnerons les principaux détails qui suffiront pour en faire ressortir tout l'intérêt :

Observation VII.

Le 20 décembre 1861, M. X..., d'une constitution robuste, fait appeler M. le Dr Thirial, pour une douleur dans le mollet gauche.

Le médecin se rattache à l'idée d'une affection rhumatique. Jusqu'au 10 janvier 1862, le malade garde le lit, et à cette époque la douleur paraît à peu près dissipée. M. Thirial engage le malade à se lever et à se promener un peu dans la chambre.

Le soir du jour où le malade se lève on constate de l'œdème, et, vers le milieu du mollet, petit cordon dur et noueux, d'une étendue de 4 à 5 centimètres. Il existait, en outre, quelques dilatations variqueuses. Le diagnostic porté fut : phlébite très-circonscrite, siégeant sur un rameau de la veine saphène.

M. Richet confirma le diagnostic. Au bout de quinze jours, le malade semblait guéri et avait repris ses occupations, lorsque, le 15 mars, un nouveau cordon, dur et noueux, vient se montrer sur le trajet d'une veine assez superficielle de la cuisse.

La résorption du caillot paraissait assez avancée, lorsque, le 23 mars, M. X..., qui s'était levé un instant, dans le mouvement qu'il fait pour s'étendre dans son lit, est saisi tout à coup, vers la région précordiale, d'une sensation vive, douloureuse, mais de peu de durée. Deux heures plus tard, il se réveille; comme il a l'habitude de placer un coussin sous sa jambe malade, il se penche assez vivement pour prendre un coussin, et, par suite de cet effort, il éprouva un moment d'angoisse.

Le lendemain en descendant de son lit, nouvelle angoisse et perte de connaissance.

M. le Dr Thirial accourt en toute hâte et trouve le malade assis dans un fauteuil, ayant repris connaissance, mais froid, glacé, la face livide, les yeux excavés, le pouls presque insensible et faisant des efforts pour vomir.

On l'étend bien vite sur son lit, la tête un peu basse, et on lui fait avaler aussitôt quelques gouttes d'un cordial, puis successivement on a recours aux stimulants de toutes sortes internes et externes. Pendant plus d'une heure, en proie à la plus profonde anxiété, le médecin lutte contre cette syncope, contre cet état de collapsus profond dont la durée insolite fait redouter à tout instant une issue funeste.

Enfin la circulation se rétablit, la chaleur se ranime ; peu à peu même, il s'opère une réaction assez forte et le pouls monte jusqu'à 108 pulsations, mais il reste longtemps petit et concentré.

Pendant toute la durée de la crise, il n'y avait pas eu chez le malade, de trouble notable dans les fonctions respiratoires, ni de véritable dyspnée. Du reste, la percussion et l'auscultation font constater du côté de ces fonctions un état tout à fait normal.

Il n'en est pas de même du côté du cœur. MM. Richet et Thirial entendent vers la base du cœur un léger bruit morbide.

En présence de tout ce qui s'était passé; la question de l'embolie fut agitée, et on recommanda au malade de s'abstenir de tout mouvement brusque et de tout effort violent.

Le 25 et le 26 mars le mieux continue, le pouls n'offre pas la moindre irrégularité ; il ne reste plus d'ailleurs le moindre bruit morbide au cœur.

Le 27 rien de nouveau.

Le 28 la nuit est bonne ; M. X. pour la première fois depuis l'accident doit être changé de lit et a la permission de s'asseoir. Le malade n'éprouve pas la moindre sensation pénible pendant ces petites opérations. Il s'endort à 10 heures du soir et se réveille à 2 heures du matin pour prendre une pilule. Il se met sur son séant, avale la pilule et boit par-dessus une gorgée d'eau. Cela fait, sans avoir dit un mot qui témoignât d'un malaise ou d'une souffrance, il se couche. Quelques instants après, Mme X qui couche dans un lit voisin de celui de son mari, l'entend pousser un gémissement étouffé. Elle l'appelle et lui demande s'il souffre. Pas de réponse ; elle se lève et le voit pâle, défait, sans connaissance et sans mouvement ; au bout de cinq minutes il expirait.

L'autopsie n'a pas été faite, il peut donc y avoir doute sur la véritable cause de la mort ; mais les phases de la maladie, l'ordre de succession des symptômes, tout indique que la mort doit être rapportée à une embolie et qu'elle a eu lieu par syncope.

« Si l'examen *post mortem* avait pu être fait, dit Trousseau, il est probable que cet examen eût montré dans le cœur droit la cause de la syncope.

Cette cause n'était point une maladie organique du cœur, puisque jamais on n'avait constaté de symptômes généraux, ni de signes locaux d'une telle maladie. Si l'on remarque, au contraire, qu'à deux reprises éloignées, dans l'effort nécessaire pour s'habiller ou s'asseoir, le malade fut pris, chaque fois subitement, d'une angoisse indéfinissable vers le cœur, qu'il se sentit défaillir et perdit connaissance, n'est-on pas conduit à penser qu'un caillot migrateur, détaché d'une veine par le fait de l'effort, est venu subitement surpendre le cœur et enrayer sa fonction en déterminant aussitôt de la douleur, l'angoisse cardiaque et la syncope mortelle ? »

CHAPITRE V.

Etiologie. — Symptômes. — Diagnostic. — Pronostic.

A. Etiologie.

Il est difficile de faire l'étiologie de la mort subite par embolie pulmonaire, dans les varices enflammées, avec les observations que nous insérons dans notre travail. L'examen de ces faits nous permettra cependant de faire quelques remarques.

Avant d'aller plus loin, nous sommes heureux de constater qu'une terminaison fatale par embolie chez les variqueux est rare, relativement au nombre considérable des malades dont les varices se compliquent de phlébite oblitérante.

Néanmoins, la mort subite arrive assez souvent pour que nous ayons pu en trouver trois exemples en l'espace d'une année, et ces cas ne sont pas les seuls.

Cette complication redoutable des varices enflammées est-elle plus fréquente chez la femme que chez l'homme, nous ne saurions nous prononcer avec le peu d'éléments que nous possédons.

Il est bon cependant d'indiquer que les malades des cinq premières observations étaient des femmes, pour la plupart robustes et dans la force de l'âge. Plusieurs d'entre elles exerçaient des professions prédisposant aux varices et portaient ces varices depuis longues années.

Les symptômes redoutables que produit l'oblitération de l'artère pulmonaire apparaissent en général, et c'est une chose digne d'intérêt, à une époque où les malades sont en voie de guérison.

Au milieu de la santé renaissante, et alors que rien ne pouvait faire craindre un accident au malade, on le voit frappé subitement, alors qu'il change de position dans son lit, qu'il se met sur son séant pour prendre des aliments; ou bien au moment où il se lève ou quand il fait des efforts pour uriner ou aller à la selle (voir les observations).

Les efforts que font les malades paraissent être la cause déterminante de la rupture des caillots, soit que la contraction musculaire active le courant sanguin dans les collatérales non oblitérées, soit qu'un anneau fibreux ou un muscle vienne comprimer la veine.

Sans doute ce ne sont là que des causes occasionnelles et le thrombus est en voie de métamorphose régressive, comme dans l'observation de M. Thomas; ou l'organisation est insignifiante et les adhérences aux veines très-faibles, ou bien encore un prolongement réunissant entre eux deux caillots et serré entre des valvules (voir l'observation III) offre toutes les chances d'une rupture au moindre mouvement.

B. Symptômes.

Lorsque le caillot migrateur a échoué dans le tronc de l'artère pulmonaire ou dans ses grosses branches, et que par suite la fonction de l'hématose est insuffisante à entretenir la vie, les symptômes présentent une physionomie très-remarquable. Le malade est subitement saisi par des accidents graves, quelquefois précédés d'une sorte d'angoisse cardiaque et de la conscience de l'obstacle qui vient s'opposer au cours du sang.

Habituellement dans les premiers instants, c'est l'asphyxie qui domine la scène morbide. Le malade est en proie à une grande agitation et à une anxiété inexprimable ; il y a de la dyspnée, puis une orthopnée effrayante. Les inspirations sont nombreuses. Tous les muscles qui peuvent intervenir dans la dilatation thoracique entrent en convulsion.

Les inspirations sont profondes, les malades ont soif d'air, et cependant l'air circule dans les voies aériennes, et les inspirations augmentées dans leur étendue fournissent en abondance un air que le poumon ne peut plus absorber. Il n'y a ni toux ni expectoration.

Suivant les auteurs, la percussion et l'auscultation ne font connaître aucun trouble dans le fonctionnement des poumons; il ne faut cependant pas oublier que cet organe est le siége d'une congestion considérable, qui pourrait donner quelques signes stéthoscopiques, si l'examen était plus facile.

Du côté de la circulation, on remarque que l'impulsion du cœur est d'abord violente et tumultueuse, puis elle s'affaiblit et le nombre des pulsations augmente ; mais tous ces efforts sont inutiles. Le ventricule droit rempli de sang ne peut plus se vider, et le gauche, imparfaitement dilaté, ne peut plus fournir que des contractions rudimentaires. Le pouls qui en résulte est déprimé, filiforme; il est impossible de compter ses battements.

Le système nerveux participe aux troubles de l'appareil cardio-pulmonaire. Les membres peuvent être agités de mouvements convulsifs ; les muscles de la face, des yeux sont quelquefois tumultueusement agités. On a noté aussi la projection des globes oculaires.

La face est pâle ou cyanosée, les extrémités sont glacées, le corps est couvert d'une sueur froide et visqueuse. Il y a des vertiges. Au milieu de tout cela, la netteté de l'intelligence est parfaitement conservée.

La connaissance persiste jusqu'aux derniers moments, à moins cependant que la mort n'ait lieu par syncope.

En résumé, disent MM. Ball et Charcot, les symptômes plus caractéristiques sont :

1° L'apparition brusque d'une violente dyspnée que n'explique pas l'examen physique de la poitrine ;

2° Le refroidissement rapide des extrémités et du visage ;

3° La faiblesse et l'accélération des mouvements du cœur ;

4° Une prostration très-rapidement portée à l'extrême.

5° L'absence fréquente des troubles notables du sensorium.

C. Diagnostic.

En quoi les symptômes que nous venons d'énumérer diffèrent-ils de ceux qui sont déterminés par un polype du cœur, ou un caillot autochthone de l'artère pulmonaire ?

Dans les polypes du cœur le début est insidieux, l'agonie prolongée ; il y a des bruits morbides à l'auscultation de l'organe central de la circulation, et surtout point de thrombose périphérique.

Nous avons dit que les coagulations sanguines autochthones de l'artère pulmonaire étaient rares ; leurs symptômes sont mal connus ; il serait bien difficile de les distinguer de ceux de l'embolie pulmonaire.

Il est inutile, je crois, d'insister plus longuement sur la question du diagnostic, et les détails précédents suffisent pour montrer que ni l'angine de poitrine, ni les anévrysmes des gros vaisseaux n'offrent de semblables symptômes.

D. Pronostic.

Quand les caillots sont aussi volumineux que dans les cas que nous avons cités, la terminaison est promptement fatale. Mais la mort n'est pas toujours la conséquence des transports emboliques. Il faut pour que les malades succombent rapidement, que les caillots soient assez volumineux, que les fragments soient assez nombreux pour oblitérer le tronc ou les grosses branches de l'artère pulmonaire.

Lorsque la mort subite n'a pas lieu, on peut voir, à la suite l'embolie de l'artère pulmonaire survenir des accidents du côté des voies thoraciques.

Nous trouvons dans les bulletins de la Société médico-chirurgicale de Bordeaux, 1867, p. 442, l'observation suivante recueillie par M. Lannelongue :

Observation VIII.

Un jeune homme de 23 ans se présente à l'hôpital Saint-André, pour se faire guérir de varices des membres inférieurs. Ces dilatations veineuses sont à peine saillantes et ce n'est que sur les très-vives instances du malade, et pour ainsi dire à son corps défendant, que le chirurgien se décide à l'opérer. Une injection de dix gouttes de perchlorure de fer est faite dans la saphène externe, ou dans l'une de ses branches, au niveau du creux poplité droit. — Quelques accidents inflammatoires surviennent, un peu de suppuration se fait jour au dehors, une petite ulcération persiste, pendant plus de quinze jours, au niveau de la piqûre faite par le trocart capillaire, néanmoins, le caillot qui a succédé à l'injection semble ne pas être ébranlé. — Le malade est autorisé à se lever.

Tout à coup, il est pris de dyspnée avec anxiété précordiale, lipothymie, pâleur de la face, fréquence et irrégularité du pouls. Les battements du cœur deviennent énergiques et tumultueux, mais ne s'accompagnent pas de bruit de souffle ; la percussion ni l'auscultation ne révèlent rien du côté des poumons ; mais chose remarquable, la veine saphène, qui la veille encore était gonflée par un caillot résistant, est maintenant affaissée.

Le malade est mis à un repos absolu, je lui prescris un peu de digitale. Ces phénomènes persistèrent encore pendant cinq jours, puis ils allèrent en décroissant ; ils avaient entièrement disparu vers le dixième jour. Le malade quitta l'hôpital guéri non pas de ses varices, mais de la fantaisie d'en réclamer la cure.

« Dans ce cas, dit M. Lannelongue, il est incontestable que les accidents ont été occasionnés par des caillots migrateurs provenant de la veine saphène, où l'injection du perchlorure de fer en avait déterminé la formation. L'inflammation avait dépassé le but. Les produits plastiques qui retenaient le caillot avaient été détruits, et celui-ci était arrivé dans le cœur et dans l'artère pulmonaire. Son calibre et ses dimensions n'étaient pas assez considérables pour foudroyer le malade qui s'en était retiré avec les accidents que j'ai signalés. »

Nous n'avons pas à nous étendre sur les accidents pulmonaires qui ont existé dans ce cas; nous pourrions citer un grand nombre d'observations semblables où les troubles étaient occasionnés, soit par la migration d'un phlébolithe ou les fragments d'un caillot.

Ces faits-là sont plus communs que la mort subite, et s'ils n'arrivent pas encore plus souvent c'est que la concrétion sanguine s'organise et que des adhérences la retiennent fixée à la paroi veineuse.

CHAPITRE VI.

Moyens préventifs. — Moyens palliatifs.

L'existence d'une phlébite variqueuse oblitérante étant reconnue, il faudrait pouvoir prévenir la production de l'embolie; et l'embolie étant produite, il faudrait chercher à obtenir la disparition, la dissolution du caillot.

I. — Moyens préventifs.

Les moyens préventifs se résument à ceci : empêcher le caillot de se rompre et d'être entraîné par le courant sanguin. Mais, malheureusement jusqu'à présent, nous n'avons aucun remède efficace pour remplir cette indication.

Néanmoins, nous ne devons pas désespérer, et notre devoir est de chercher à éloigner autant que possible l'éventualité de la rupture du caillot et sa migration.

Le médecin devra donc, connaissant l'existence d'une thrombose veineuse, avoir la plus grande prudence dans l'examen des malades et éviter de porter sans nécessité la main sur la veine enflammée.

Trousseau fait le récit suivant dans ses cliniques « Une phlegmatia alba dolens avait apparu à gauche chez une jeune femme atteinte d'un phlegmon péri-utérin. La douleur ayant cessé, on constata la présence du cordon veineux à la face interne et supérieure de la cuisse, la pression fut un peu forte. Quelque chose sembla céder sous le doigt de M. Demarquay. Peu de minutes après, palpitations épouvantables, tumultes cardiaques, pâleur extrême, et les assistants crurent que la malade allait mourir. Au bout de quelqes heures, l'oppression cessa et tout fut fini. Un caillot faiblement pédiculé avait dû se détacher et remonter dans le cœur ou l'artère pulmonaire. »

On devra prescrire la position horizontale, la demi-flexion du membre malade pour relâcher les muscles et les aponévroses, et un repos absolu qui sera prolongé même après la guérison. C'est, en effet, on se rappelle, au moment où le malade semble guéri qu'un simple déplacement des membres, une légère contraction des muscles, une secousse insignifiante a occasionné la rupture, la migration du caillot et la mort qui en est la conséquence. Il n'est donc pas inutile d'insister sur le repos et l'immobilité.

« Pour remplir cette dernière condition, dit M. Lannelongue, de Bordeaux, je ne saurais trop recommander les cadres en bois garnis de sangles transversales qui, reliés à une poulie, permettent de soulever les malades sans leur imprimer aucune secousse, et surtout sans qu'ils aient aucun effort à déployer. »

En même temps, les malades devront éviter les émotions, les efforts et tout ce qui est capable en un mot d'augmenter l'impulsion du sang et l'activité cardiaque.

Ces moyens étant pris, on pourrait essayer de favoriser l'organisation du caillot par des excitants cutanés. Dans tous les cas, on donnera une alimentation substantielle susceptible d'augmenter la plasticité du sang, et les adhérences salutaires du thrombus à la paroi veineuse.

Certains auteurs ont recommandé les fluidifiants; M. Ball cite dans sa thèse l'observation d'une malade de M. Vidal atteinte de phlébite variqueuse, où le traitement par l'eau de Vichy semble avoir en un bon résultat, puisqu'on obtint une guérison complète.

Ce traitement ne réussira pas dans tous les cas, et nous sommes tenté de croire qn'il serait préférable de chercher, par l'hygiène et les médications réparatrices, à consolider les adhérences du thrombus.

M. Richardson, de Dublin, qui paraît s'être occupé beaucoup du traitement des thromboses veineuses, s'élève énergiquement contre l'emploi du traitement mercuriel. Il rapporte qu'il a vu plusieurs fois mourir d'une manière imprévue des malades chez lesquels on employait ce traitement, et il paraît disposé à rapporter ces morts subites à l'embolie de l'artère pulmonaire. Les préparations mercurielles peuvent, en effet, produire la dissolution de la fibrine du sang, et, par suite, le morcellement des caillots. La remarque de M. Richardson doit donc être prise en considération, d'autant plus qu'il semble avoir obtenu de bons résultats de l'emploi du quinquina et des ferrugineux dans les thromboses veineuses. (*Dublin medical Press*, 1863.)

On a cherché à s'opposer directement à la migration des caillots par un traitement chirurgical.

M. H. Lee (*Royal medical and surgical Society of London*, 9 mai, 1865) a opéré de la manière suivante dans quatre cas :

1° Dans l'un, il comprima l'extrémité supérieure de la veine au moyen d'un petit coussinet maintenu en place par une bande ;

2° Dans deux autres cas, il choisit une portion saine de la veine, passa une aiguille au-dessous, et comprima la veine sur cette aiguille au moyen d'une ligature en huit de chiffre ;

3° Dans le troisième, enfin, il divisa la veine sous la peau, au-dessous du siége de l'inflammation, et fixa les deux extrémités au moyen de l'acupressure.

« Dorénavant, M. Lee donnerait la préférence à ce dernier moyen bien plus propre que les autres à assurer l'interruption de la circulation du sang. Par la section de la veine et l'acupressure, on aurait, d'après l'auteur, une oblitération complète, solide, permanente des deux bouts du vaisseau, et cela sans suppuration au bout de deux à quatre jours. Au bout de ce temps, la ligature de la veine sur une aiguille ne donne pas une réunion sûre, la circulation peut se rétablir ; si on la laisse plus longtemps, on s'expose à la suppuration. (*Gazette médicale de Lyon*, 1865.)

Nous ne savons si ces procédés ont été souvent mis en usage ; peut-être pourrait-on les employer dans certains cas, mais la section de la veine serait difficile à exécuter si l'on attendait que le caillot remontât jusque dans l'iliaque ou la veine cave inférieure. Il faudrait donc opérer avant que le thrombus ait franchi certaines limites, Et puis, n'aurait-on pas à craindre la formation d'un nouveau caillot au-dessus de la ligature, de la compression ou de l'incision ?

Enfin, l'opium à petites doses pourra être donné quand on craindra la désagrégation du caillot veineux et ses suites souvent mortelles. Cette substance, en effet, ralentit les contractions du cœur et l'activité de la circulation. Ne pourrait-on pas aussi s'adresser à la méthode de Valsalva qui a donné de bons résultats pour la cure des anévrysmes ?

Nous ne pouvons nous prononcer sur l'utilité de tel ou tel traitement actif; jusqu'à présent, en effet, une thérapeutique sérieuse n'a pas été instituée dans ce but et nous serions heureux d'avoir attiré l'attention des praticiens sur cette question, si on arrivait à s'opposer aux terribles accidents des embolies veineuses.

II. — Moyens palliatifs.

L'embolie étant produite et le malade étant en proie à la dyspnée et aux troubles circulatoires que nous avons décrits, quels sont les ressources qui nous restent pour le sauver?

Nous sommes bien impuissants, il faut l'avouer, et cependant nous ne devons pas rester inactifs.

On doit agir rapidement et secouer vivement l'organisme, dit M. Bertin; soit au moyen de l'électricité, et si l'on n'a pas d'appareil sous la main, par la compression alternative du thorax, le choc du diaphragme, les applications froides sur la région précordiale, comme l'a fait M. Ball. Les efforts du médecin seront probablement inutiles, mais il faut si peu de chose pour changer l'asphyxie mortelle en une dyspnée compatible avec la vie que l'on doit tout tenter. (Bertin, *Étude critique de l'embolie dans les vaisseaux artériels et veineux.*)

On pourrait peut-être diminuer la masse générale du sang par des saignées, ou détourner par des révulsifs, tels que sinapismes aux pieds, le sang veineux qui afflue au cœur droit; mais ces moyens tendraient à diminuer les contractions du cœur qui sont utiles pour le déplacement du caillot.

Il est donc préférable, croyons-nous, d'y renoncer; d'autant plus que les révulsifs, en particulier, pourraient favoriser de nouvelles coagulations sanguines dans les veines périphériques.

CONCLUSIONS.

I. — La phlébite variqueuse oblitérante prédispose aux embolies de l'artère pulmonaire et par conséquent à la mort subite.

II. — Le caillot se brise et est entraîné par le courant sanguin quand le malade est en voie de guérison et habituellement lorsqu'il fait un effort.

III. — La mort est due en général au volume considérable des caillots qui oblitèrent complètement le tronc pulmonaire ou ses grosses branches.

IV. — Les malades meurent presque toujours par asphyxie, rarement par syncope; quelquefois l'asphyxie est précédée d'une syncope.

V. — Jusqu'à présent, nous ne possédons aucun moyen pratique de nous opposer à la migration des caillots; il faut donc éviter autant que possible leur rupture.

INDEX BIBLIOGRAPHIQUE.

LANCISI. — De subitaneis mortibus (1707).

VAN SWIETEN. — Gerardi L. B. Van Swieten commentaria in Hermani Boerhaave. Aphorismos de cognoscendis et curandis morbis. Parisiis, 1746-1754.

BICHAT. — Recherches physiologiques sur la vie et la mort.

LEGROUX. — Concrétions sanguines dites polypiformes, développées pendant la vie (thèse Paris, 1827). — Gaz. heb., Paris, 1856-1857-1859.

FRANÇOIS. — Essais sur les gangrènes spontanées (thèse Paris, 1832).

BOUCHUT. — Mémoire sur la coagulation du sang dans les cachexies et maladies chroniques (Gaz. méd., Paris, 1845).

HARDY. — Recherches sur les concrétions sanguines formées pendant la vie dans le cœur et les gros vaisseaux (thèse d'agrégation, Paris, 1838).

BARON. — Morts subites par obstruction de l'artère pulmonaire (Arch. gén. de méd., 1828, t. III).

ARAN. — Des morts subites. — Thèse d'agrégation, 1853.

VIRCHOW. — Gesammelte Abhandlungen. Berlin, 1864 (collection complète des travaux antérieurs). Pathologie cellulaire, trad. Picard. Paris, 1858.

CRUVEILHIER. — Traité d'anatomie path. gén. (Paris, 1852, t. II).

PANUM. — Archiv für Pathologische, etc. Trad. dans Arch. génér. de méd., t. XXV de la 6e série.

SCHÜTZENBERGER. — De l'oblitération subite des artères par des corps solides ou des concrétions fibrineuses détachées du cœur, ou des gros vaisseaux à sang rouge (Gaz. méd. de Strasbourg, 1857, et Arch. gén. de méd. 1857, t. IX).

FRITZ. — Obturation métastatique des artères pulmonaires (Union médicale, 1857, no 54).

CHARCOT et BALL. — Sur la mort subite et la mort rapide à la suite de l'obturation de l'artère pulmonaire par des caillots sanguins, dans le cas de phlegmatia alba dolens et de phlébite oblitérante en général (Gaz. hebd. de méd. et de chir., 1858).

MOYNIER. — De la mort subite chez les femmes enceintes. Paris, 1859.

Cohn. — Klinik der Embol. Gefässkrankheiten (Berlin, 1860).

Ball. — De l'embolie pulmonaire (thèse de doct., Paris, 1862).

Lemarchand. — Etude sur quelques oblitérations vasculaires (thèse de Paris, 1862).

Lancereaux. — De la trombose et de l'embolie, etc. (thèse de Paris, 1862, et nombreux articles dans les journaux). Atlas d'anatomie pathologique (1870).

Velpeau. — Académie des sciences, 1862.

Richert. — Des thromboses veineuses et de l'embolie pulmonaire (thèse, Strasbourg, 1862.

Bucquoy. — Des concrétions sanguines (thèse d'agrégation, Paris, 1863).

Azam. — De la mort subite par embolie pulmonaire dans les traumatismes (Bulletin de l'Académie de médecine, 1864. t. XXIX). Congrès médical de Bordeaux (Paris, 1866).

Jacquemet. — Sur le mécanisme de la mort dans les cas d'embolie pulmonaire (au Congrès médical de France, 2e session, Lyon, 1864, p. 46).

Berton. — Etude critique de l'embolie dans les vaisseaux artériels et veineux. Montpellier, 1869.

Jaccoud. — Traité de path. int., t. I. Paris, 1869.

Barbanceys. — De la coagulation du sang dans les veines (thèse de doct., Paris, 1870).

Nouveau dict. de méd. et chirurgie pratiques (art. Embolie, t. VII).

Paris. A. Parent, imprimeur de la Faculté de Médecine, rue Mr-le-Prince, 31.

TABLE DES MATIÈRES.

www.ingramcontent.com/pod-product-compliance
Lightning Source LLC
LaVergne TN
LVHW020438230826
846091LV00004B/1539
9782016172988